U0581481

『老子』衍说

兰喜并⊙著

人民出版社

目　　录

引言 《老子》这本书

中国历史上的书非常多，用汗牛充栋来说一点也不为过。在2012年，由中华书局和上海古籍出版社合作出版了《中国古籍总目》，分经、史、子、集、丛书五大部分，共二十六册，著录古籍约二十万种。二十万种书是什么规模呢？我们可以对比《四库全书》来体会一下。《四库全书》共收书三千多种，存目六千多种，整个《四库全书》的收书加上存目一共一万种多点儿。由此可以想象一下二十万种书的规模。别说二十万种书，就是《四库全书》所收的三千多种书，即使聪明才俊，要读完也不是一件容易的事，更不用说平常人了，曾国藩曾就此说："虽有生知之姿，累世不能竟其业，况下焉者乎？"（《圣哲画像记》）因此，要了解中国传统文化，需要在众多的书中选出最值得读的一些经典来读。

什么是经典呢？经是织布时候的经线，经线要贯穿织布的始终，因此，所谓"经"就是一种要贯穿始终的东西。典多指被尊为准则或者规范、最具有思想意义的内容。经典就是贯穿一个学说、一种文化始终的典范性的书籍。后来，就把经典简称为经了。在《庄子》中，在《礼记》中，都讲到了“经”这个字。

中国传统思想文化经典的流传有一个特点，就是大都是通过后人对前人著作的注、疏、解、释等来进行传承的。这样，我们选择读中国传统思想文化经典就有了比较明确的目标，就是首先选择源头性和轴心性的经典来读。

一个民族的思想、文化的源头很难追溯得到，所以，所谓“源头性经典”只是指后人所看到的最“早”的一些经典；所谓“轴心性经典”是指辐辏其前、辐射其后思想文化的经典。比如，《易经》、《尚书》、《诗经》等就是中国传统思想文化的源头性和轴心性的经典。源头性和轴心性的经典是塑造一个民族文化的那类经典。

司马迁在《史记·太史公自序》中引用了他父亲司马谈的《论六家之要指》，其中讲了先秦最重要的六个思想流派，即阴阳、儒、墨、名、法、道德六家。然而真正对中国传统文化和中国思想影响最大的是儒家和道家。儒家和道家都有自己的“经”。

在儒家，最初讲有六种经典，即《诗》、《书》、《礼》、《易》、《乐》、《春秋》，后来人们看到的只有《易》、《书》、《诗》、《礼》、《春秋》五种，关于《乐》，有人认为丢失了，也有人认为不是单独的经典，而是包括在《诗》、《礼》之中。在汉武帝时，设置“五经博士”负责这些经典的传授。到了唐代，逐渐由“五经”扩展成“九经”（《礼》包括《仪礼》、《周礼》、《礼记》三种，《春秋》扩展成《春秋左传》、《春秋公羊传》、《春秋穀梁传》三种）。到了唐开成年间，把《论语》、《孝经》、《尔雅》加进了“经”，这样就成了“十二经”。到了宋代，又把《孟子》加进了“经”，成了人们常说的“十三经”。

在唐代之前，人们主要是读“五经”（“春秋三传”中主要读《春秋左传》；就思想来说，“三礼”中最主要的是《礼记》），唐代有官方颁布的《五经正义》。到宋代，人们就从《礼记》里选出了《大学》、《中庸》两篇，和《论语》、《孟子》合到一起，叫作“四书”。南宋朱熹著有《四书章句集注》。宋代以后人们对“四书”的关注度逐渐超过了“五经”。

道家也有它的“经”。北齐时，颜之推写了一些教育后代的文章，后来把它叫《颜氏家训》。在《颜氏家训·勉学》里提到道家的三种最主要的经典，即《庄子》、《老子》、《周易》，称为“三玄”。

后来佛教传入中国。佛教也有很多经典，比如从印度传过来的经典《般若经》、《华严经》等。后来佛教中国化了，有了中国佛教自己的“经”，即《坛经》。但是，佛教经典不是中国传统思想文化的源头性和轴心性经典。

这样的话，我们可以说中国传统思想文化中最主要的源头性和轴心性经典就是“五经”(《易》、《书》、《诗》、《礼》、《春秋》)、“四书”(《论语》、《孟子》、《大学》、《中庸》)、“三玄”(《庄子》、《老子》、《周易》)。这“五经”、“四书”、“三玄”加起来一共是十二种书。在这十二种书里边，“四书”中的《大学》、《中庸》本来是《礼记》里边的两篇文章，如果把它们归到《礼记》中，那么就少了两种，《周易》既属于儒家“五经”，也属于道家的“三玄”，这就又少了一种，因此，我们读中国传统思想文化的经典，最主要的就是“五经”加《论》、《孟》、《老》、《庄》这九种经典。因此，虽然中国传统思想文化的经典有很多很多，但是，只要我们抓住源头性和轴心性的东西，就能对中国传统思想文化有一个大致的了解。当然，这只是说，就中国传统思想文化的源头性和轴心性经典而言，“五经”和《论》、《孟》、《老》、《庄》更重要些，并不是说其他的书都不重要。

假如觉得这九种经典的量还大，那么我们还可以从中选出最基本的三种来，一本是《论语》，一本是《老子》，还有一本就是《周易》。如果能把这三种经典读透了，那么我们对中国传统思想文化的特点以及中国人的特点也可以有个初步的了解。

(一)《老子》的成书

《老子》这本书在中国文化中的地位，不管怎么评价都不为高，因为它是参与塑造中国文化的经典，如果没有《老子》这本书，中国文化可能就不是现在这个样子。但是，这样一部伟大的经典，它的作者和它的问世却都充满传奇色彩，要想弄清楚，并非易事。

关于老子其人，史书记载不详。《史记》中有《老子传》，司马迁在《老子传》中说老子是“隐君子”，“其学以自隐无名为务”，也许因为这“隐”，关于老子的材料一开始就不那么翔实。《庄子》中涉及老子颇多，但是《庄子》一书多假托或借重人物来说自己的话，从史料的角度看，可信度不高。在《礼记》、《吕氏春秋》等书中有对老子的零星记载，一鳞半爪，难知概貌。由于受史料所限，司马迁的《老子传》也写得比较模糊。即使如此，《老子传》仍然是人们了解老子其人的最重要的根据。

司马迁在《老子传》中说：“老子者，楚苦县厉乡曲仁里人也，姓李氏，名耳，字聃，周守藏室之史也。”楚苦县厉乡曲仁里大概在今天河南鹿邑与安徽亳州一带。守藏室之史类似后来负责图书馆、档案馆的官员。《老子传》还讲到“孔子适周，将问礼于老子”。《礼记·曾子问》多次记载孔子说“吾闻诸老聃”，还记载孔子说自己

"从老聃助葬于巷党";《吕氏春秋·当染》也说"孔子学于老聃"。我们可以通过这些记载大致知道老子和孔子是同时代的人，年龄比孔子大些，但不会大得太多。后人看到的关于老子的记载大多与孔子有关。

《老子传》中记载了一段孔子到东周问礼于老子时，老子对孔子说的话。老子说："子所言者，其人与骨皆已朽矣，独其言在耳。且君子得其时则驾，不得其时则蓬累而行。吾闻之，良贾深藏若虚，君子盛德，容貌若愚。去子之骄气与多欲、态色与淫志，是皆无益于子之身。吾所以告子，若是而已。"

孔子在与老子会面时说了些什么，司马迁没有讲，但是，从老子的话中可以看出，孔子在与老子的交谈中提到过前人的话，并且谈了自己的志向等。老子说，你说的那些话，都是已经死了多少年的一些人说的，那些人和他的骨头都腐朽了，只是留下来一些话。这意思是，说话的语言环境没有了，就不能照搬那些话了，要根据自己的境遇说话做事，所以有后面得不得其时的言语。

老子说"君子得其时则驾"，这是什么意思呢？"驾"在这儿指当官儿的乘车出行，就像现在，一个人当了领导干部，到了一定的级别，出门就可以按着级别坐不同标准的车子。如果得其时，有这个环境和条件，那就出去做些事儿，当个官儿，配个车，也就是在朝。"不得其时则蓬累而行"是什么意思呢？"蓬"就是小草，"累"是转动而行。到了秋天，蓬草被风吹断，随风转移，叫作蓬累，在这儿，比喻行踪不定。如果不得其时，那么就在野。在野不受位置的限制，可以四处飘移，行踪不定，所以说“蓬累而行”。

老子说，我听说“良贾深藏若虚”，即善于经商的人不外露自己的财物。在人前显露自己带的财物叫“露白”，良贾不露白，而是“深藏若虚”。“君子盛德，容貌若愚”，“盛”就是大，君子就像良贾一样，虽然有大德，但是不显露。在人前显露自己的才能叫“露才”，君子不露才，而是“容貌若愚”。“若愚”就是好像愚，可以说道家、儒家以至于中国文化，都重视这个“若愚”。在中国文化对智慧的讨论中，最高的境界不是智，而是愚，叫大智若愚。经常表现得自己很聪明、很机智，那都是小智，真正的大智不会露才扬己。《诗经》中讲“靡哲不愚”（《大雅·抑》），即没有哲人是不愚的。哲人的愚就是“若愚”。老子对孔子说，“去子之骄气与多欲、态色与淫志”，你要把自己盛气凌人的态度去掉，把自己各种各样的欲念去掉，把自己踌躇满志的神色去掉，把自己的雄心大志去掉。“淫”在这儿是大的意思，淫志就是大志。比如，孔子说要志于道，说自己的志向是“老者安之，朋友信之，少者怀之”（《论语·公冶长》）等，对孔子的这些志，老子大概不会都认同。因为老子思想的一个深刻之处，就是对人的能力的有限性的认识。由于人的能力的有限性，人不能保证自己的行为会带来什么样的后果，在今天看来是“功”，带给明天的或许就是“过”；对此时、此地、此事来说是“是”，对彼时、彼地、彼事来说或许就是“非”。所以，老子不主张志于这、志于那的，而是主张“弱其志”。《诗经·抑》中还讲到“哲人之愚，亦维斯戾”。“戾”是违背的意思，哲人之所以要愚，不要小聪明，就是怕事与愿违。老子对孔子说，你得把自己身上这些东西都去掉，这些东西对你都没有好处。

在《史记·孔子世家》中也讲到孔子向老子问礼的事儿，记载了孔子向老子告别时，老子送孔子的几句话。老子说：我听人说，富贵者送人以财，仁人者送人以言。我没有能力富贵，就私下窃用仁人的称号，送你几句话吧：“聪明深察而近于死者，好议人者也。博辩广大危其身者，发人之恶者也。为人子者毋以有己，为人臣者毋以有己。”这和上面讲的去骄气、多欲、态色、淫志的意味一致。从口气可以看出，老子对孔子说的这两段话都是年长者对年轻人的告诫。

《老子传》中讲，孔子听了老子这些话以后，对弟子说：“鸟，吾知其能飞；鱼，吾知其能游；兽，吾知其能走。走者可以为罔，游者可以为纶，飞者可以为矰。至于龙，吾不能知，其乘风云而上天。”鸟、鱼、兽各有自己的生存特点，但是它们的特点是确定不变的，因此人就能够通过一些确定的途径与它们打交道。比如，对于兽，可以用罔来抓捕；对于鱼，可以用丝线系上钩来钓；对于鸟，可以用带丝绳的箭来射。而龙的特点是不确定的。马王堆帛书《二三子问》中说“龙既能云变，又能蛇变，又能鱼变，飞鸟征虫，唯所欲化”；《管子》说龙“变化无日，上下无时”（《水地》）。由于龙总是根据不同的境遇发生变化，所以人无法把捉它的行踪。《周易》《乾》卦，初九爻辞说“潜龙勿用”，九五的爻辞说“飞龙在天”，龙在地下如蛇潜蛰，到天上乘风云而飞，或隐或显，随时而行，所以《庄子》说“一龙一蛇，与时俱化”（《山木》）。“与时俱化”就是根据境遇的变化而变化，以求“得其时”，像老子对孔子说的“得其时则驾，不得其时则蓬累而行”，就是“与时俱化”。孔子对弟子说：“吾今日见老子，其犹龙邪！”这说明在孔子的心目中，老子这个人就像龙一样能够“与时俱化”，应对各种不同境遇。老子的这些话对孔子产生了一定的影响。孟子说孔子是“可以仕则仕，可以止则止，可以久则久，可以速则速”（《孟子·公孙丑上》），是“圣之时者”（《孟子·万章下》）。孟子又说“大而化之之谓圣”（《孟子·尽心下》），“圣之时”也就是能应对各种境遇的变化，也就是“与时俱化”。

正因为“得其时则驾，不得其时则蓬累而行”的人生态度，所以，老子见世道衰乱，不愿苟同时政，就离职不干，蓬累而行去了：“居周久之，见周之衰，乃遂去”。

传说老子骑了头青牛从洛阳往西走，当走到函谷关（或者说散关）这个地方的时候，守关的关令尹喜把老子挡住了，他说“子将隐矣，强为我著书”。您这高人就要隐遁了，我以后也不知道到哪儿找您讨教，您就勉强给我写点儿东西吧。这样，老子没有办法，“乃著书上下篇，言道德之意五千余言而去”。后来的事儿就不知道了，司马迁说“莫知其所终”。在关令尹喜的请求下留下的这五千余言，就是后人看到的《老子》，因为这书主要讲道和德，所以人们又叫它《道德经》。如果没有关令尹喜的请求，老子连这五千余言也不留，因为老子所求的就是“自隐无名”，我与世无争，悄悄地自己离去就算了。这样的话，后人也就看不到《老子》这部伟大的经典了。

上述这些就是司马迁讲的关于老子这个人的经历和《老子》这本书的来历。前面说过，由于老子“以自隐无名为务”，所以，关于老子的材料可能当时就不那么翔实，有不同的传说，因此，司马迁在写了前面讲的那些内容之后，又附录了两个人。一个是楚国叫老莱子的人，说有的人认为这个人是老子。但是，又说老莱子著书十五篇，这和《老子》上下两篇不一致。《史记·仲尼弟子列传》中讲“孔子之所严事：于周则老子……于楚，老莱子”，所以，老莱子不大可能是老子。另一个是叫太史儋的人，说有的人认为这个人也可能是老子。可是，按司马迁的叙述，太史儋在孔子死之后百二十九年见秦献（孝）

公，要比孔子晚得多。司马迁说“世莫知其然否”。

《老子传》中讲孔子将老子比喻为龙，无论这话是否确实为孔子所言，这个比喻是恰当的，对后人来说，老子就像不可捉摸的龙。千百年来人们一直试图弄清楚老子这个人，由此引出各种争论，但是直到现在也没有弄清楚。老子是个猜不透的谜，以前人们在猜这个谜，以后人们还会继续猜这个谜。

关于《老子》这本书也有争论。按照司马迁的说法，《老子》是老子西行到了函谷关，关令尹喜让他写下来的。但是，后来人们发现，在《老子》里讲的有些内容不大符合与孔子同时代的老子那个时代的情况，因此，有人认为《老子》这本书出现得比较晚。其实，先秦时的很多书，从“初稿”到“定稿”往往会跨很长的时期，不能用“定稿”中的内容否定“初稿”的出现。司马迁说老子“著书上下篇，言道德之意五千余言”，可能是以“定稿”的状况讲“初稿”的产生，导致后人的误解。1993 年，湖北荆门的郭店出土了竹简《老子》，经过鉴定认为是战国中期的，虽然竹简本《老子》只有两千多字，大约为世传本《老子》的五分之二，现在还难以弄清楚它与世传本之间的关系，但是至少可以说明在战国中期就已经有《老子》之书，而且影响已经比较大了，所以才会被作为贵族的陪葬品，可见《老子》这本书的出现还是比较早的。关于《老子》这本书的各种争论现在仍然在继续，如果没有新的有说服力的材料的发现，恐怕以后也争不清楚。

对于老子其人和《老子》其书的复杂关系，我们不做过多的讨论，在以后的讲述中，我们模糊地认为《老子》的作者是一个被称作老子的人，在讲到思想时，则是指《老子》这本书的思想，而不是老子这个人的思想。

在历史上，《老子》的版本情况很乱，比较有代表性的是《老子道德经河上公章句》本、王弼《老子注》本和傅奕的《道德经古本篇》。这些版本字句或有不同，但是，总的结构和内容没有大的区别，可以统称为“世传本”。1973 年，湖南长沙马王堆出土两种帛书本《老子》，与世传本在字句内容、章节排列等方面出入颇多，对于考订《老子》文本具有重大的史料价值。1993 年，湖北荆门郭店出土的战国楚墓竹简《老子》是现在所见最早的版本，虽然并非全本，但是其中一些与其他版本有差别的字距对于理解《老子》的思想非常关键。

（二）《老子》的影响

《老子》这本书对中国的思想文化和中国人的性格的影响是非常大的。美籍华人学者陈荣捷说：“假如没有《老子》这本书的话，中国文化与中国人的性格将会截然不同。事实上，连作为中国历史与思想主流的儒家，也会不同。因为它并没有逃过道家的影响，佛家的情况也是一样。假如不能真正领会这本小书里的玄妙哲思，我们就不能期望他可以理解中国的哲学、宗教、政治、艺术与医药，甚至包括烹饪在内。”① 我们前面说过，《老子》属于中国文化轴心性的经典，它参与塑造中国文化，所以，陈荣捷先生说，假如没有《老子》的话，中国文化和中国人的性格都将会不一样。

陈荣捷先生说儒家受到道家的影响。前面讲到过，司马迁在《史记》中记载了孔子和老子会面时老子告诫孔子的一些话。这些话对孔子产生了一定的影响。比如，老子对孔子说“君子盛德，容貌若愚”，在《论语》中记载孔子说宁武子这个人“其智可及也，其愚不可及也”（《公冶长》），《荀子》中还讲到孔子说“聪明圣知，守之以愚”（《宥坐》）。孔子“愚不可及”、“守之以愚”的表述就有老子所说“容貌若愚”的影子。比如，老子对孔子说“君子得其时则驾，不得其时则蓬累而行”，孔子也说“天下有道则见，无道则隐”（《论语·泰伯》），说“用之则行，舍之则藏”（《论语·述而》）。孔子对“隐居以求其志者”（《论语·季氏》）评价甚高，他自己也曾有“居九夷”（《论语·子罕》）、“乘桴浮于海”（《论语·公冶长》）的想法。《易传·象传》说“不事王侯，志

① 陈荣捷编著：《中国哲学文献选编》，杨儒宾等译，江苏教育出版社 2006 年版，第 137 页。

可则也”，《荀子·宥坐》中还讲到孔子说“居不隐者思不远，身不佚（隐遁、不为世用）者志不广”，体现了儒家对隐者的欣赏的态度。在世传本《老子》中，有“绝仁弃义”的说法，人们以往据此强调儒家和道家的对立，但是，在郭店竹简本《老子》中没有“绝仁弃义”的说法，而是讲“绝伪弃虑”，这样的话，儒家和道家的差异就不是像以往人们所理解的那样水火不相容。

道家也影响了佛教。佛教大概是在公元前 2 年的时候开始传入中国。一开始传入进来的时候，要翻译佛教的经典，人们便用道家的话语来解释佛教的内容，所以，佛教传入中国后，在很长一段时间里，道家话语都是中国人理解佛教的中介。一直到了隋唐时期，佛教中国化了，形成了具有中国特色的佛教，这个过程经历了几百年。所以，中国佛教也离不开道家的影响。

《老子》的玄妙哲思影响到中国人生活的各个方面，像陈荣捷先生所说的哲学、宗教、政治、艺术、医药、烹饪，等等。

除了对中国文化的影响外，《老子》对世界文化的影响也不小，并且正逐步扩大、逐渐深入。虽然西方人接触道家比接触儒家晚，但是，他们对道家思想更感兴趣，对道家的关注程度要比儒家高。今天，在西方很多人讲中国传统文化首先想到的是道家和《老子》的思想，儒家是在其次的。

在国际上，把汉语经典翻译成其他语言，最多的就是《老子》。据说世界上除了《圣经》外，以各种语言最为流行的经典就是《老子》。《圣经》是宗教经典，《老子》是思想文化的经典，宗教经典的传播带有宗教扩张的因素，而思想文化经典的传播主要靠的是它的吸引力。如果说《圣经》的传播带有宗教的“硬实力”的话，那么，《老子》的传播靠的是思想文化的“软实力”。

德国哲学家雅斯贝尔斯说，《道德经》那充满悖论的语句所具有的说服力，那似乎不见底的思想深度，使它成了一部不可多得的哲学著作。[①] 雅斯贝尔斯又说，真正的哲学思想总是依赖于间接言传的，老子的这部著作是第一部伟大的间接言传。[②] 雅斯贝尔斯认为老子作为一位形而上思想家，具有超时代的意义。[③]

德国学者曼纽什认为，《道德经》是一部涉及范围非常广泛的哲学怀疑论著作，其要旨是阐述人类理性的局限性，以及人类中种种价值和道德的相对性。[④] 德国学者梅

① 参见［德］夏瑞春编：《德国思想家论中国》，陈爱政等译，江苏人民出版社 1989 年版，第 217 页。

② 参见［德］夏瑞春编：《德国思想家论中国》，陈爱政等译，江苏人民出版社 1989 年版，第 248 页。

③ 参见［德］夏瑞春编：《德国思想家论中国》，陈爱政等译，江苏人民出版社 1989 年版，第 219 页。

④ 参见董光璧：《当代新道家》，华夏出版社 1991 年版，第 128 页。

勒也说，《老子》中最有意思的，是它对人类作为的质疑[①]，《老子》并不建议人去寻求富有创造力的方式来管理他们的政治共同体，以使社会变得公正有益[②]。

德国学者卜松山说："倘若摘录赫拉克利特、毕达哥拉斯派、灵智派、狄奥尼修·阿里奥帕吉特、库萨的尼古拉、埃克哈特、波墨、海德格尔、维特根斯坦的某些章节，凑成一本书，其内容或许会同《道德经》相去无几。"[③] 就是说，《道德经》可以和很多的西方思想家的思想产生对应。卜松山还引用德国人赫尔曼·凯泽林的话说，道家经典中蕴含着也许是人类所拥有的最为深刻的人生智慧。[④]

英国学者李约瑟在其所著《中国科学技术史》中说："中国人性格中有许多最吸引人的因素都来源于道家思想。中国如果没有道家思想，就会像是一棵某些深根已经烂掉了的大树。"[⑤]

---

① 参见［德］汉斯-格奥尔格·梅勒：《〈道德经〉的哲学》，刘增光译，人民出版社2010年版，第5页。

② 参见［德］汉斯-格奥尔格·梅勒：《〈道德经〉的哲学》，刘增光译，人民出版社2010年版，第180页。

③ ［德］卜松山：《与中国作跨文化对话》，刘慧儒、张国刚等译，中华书局2003年版，第91页。

④ 参见［德］卜松山：《与中国作跨文化对话》，刘慧儒、张国刚等译，中华书局2003年版，第81页。

⑤ ［英］李约瑟：《中国科学技术史》第二卷，科学出版社、上海古籍出版社1990年版，第178页。

美国人马斯洛在谈自我实现的人时说：从理论上说，超越者们应该更具有道家精神。[①]

对于东方文化来说，虽然汉文化圈更为重视儒家学说，但是，道家思想的影响也很大。

日本学者汤川秀树说，早在两千多年前，老子就已经预见到了今天人类文明的状况。[②] 老子似乎用惊人的洞察力看透个体的人及整体人类的最终命运。[③]

我们今天所碰到的很多问题，是老子在他那个时代就思考过的问题。比如说，人类究竟有没有很好的办法来解决自己所碰到的诸多问题？按老子来看，是难以有什么好办法的。人不可能预先设计一套方案或者程序，按照这套方案或者程序来做，人类社会的问题就可以按部就班地一步一步得到解决，人拿不出一个方案来把人类的诸多问题都解决了。所以，老子强调要无为而治。为什么要无为而治？因为人的实践能力、认识能力都非常有限，不足以主宰复杂的变化进程，人不能确定地知道自己的作为将会带来怎样的后果。按老子来看，人类社会的很多问题正是由于人要积极地解决问题而产生的，人越是有为，产生的问题可能也就越多。无为而治不是说就不出现问题，而是不

---

① 参见［美］马斯洛：《自我实现的人》，许金声、刘锋等译，生活·读书·新知三联书店 1987 年版，第 70 页。

② 参见董光璧：《当代新道家》，华夏出版社 1991 年版，第 126 页。

③ 参见董光璧：《当代新道家》，华夏出版社 1991 年版，第 56 页。

导致多出现问题，出现什么问题就相应地解决什么问题，不想着把问题都解决了。人不可能最终构建出一个没有问题的社会来，人类社会不管是哪一种制度，至少到目前为止都是带病体的，以后不管怎么发展，也不会是不带病的。人类社会任何时候都不可能使自己的身体没有病，想让人类社会成为没有病的机体，是办不到的。所以，一方面，对于病症当然要救治；另一方面，也要认识到人没有能力一步一步地把社会的所有病症都治好。对个体来说也是这样的道理，人是易犯过失的，减少过失的最好办法就是尽量少干事。这是老子思想很深刻的地方，所以，汤川秀树说老子看透了个体、人类最终的命运是什么。

汤川秀树说："生活在科学文明中，我们在原始自然界面前不再感到人的无能了。另一方面，我们现在不得不担忧人类会不会淹没到科学文明这种人类自造的第二自然界中去了。"①

今天人类的文明状况离不开科学技术的发展，但是，科学技术是一把"双刃剑"，所以，人在享用科学技术所带来利益的时候，也要承受科学技术所带来的危害。带来的利益当下能看到，带来的危害有些当下能看到，更多的当下看不到，我们不知道某项科技在以后会给人类带来什

① 董光璧：《当代新道家》，华夏出版社1991年版，第54页。

么样的影响，不知道在今天看来是利益，到明天会是什么后果。所以，就不能只想着不断地增加福，而是需要考虑尽量地减少祸。西晋的陆机说“经始权其多福，虑终取其少祸”（《文选》卷五四），就是说，如果人只看重事情的开始的话，就会想这个对我们有什么好处，那个对我们有什么好处，会追求多福，可是，如果要考虑事情的结局，我们就更应该考虑这些事情也许会带来很多的不利，就应该取其少祸。人类现在的思路基本上都是“经始权其多福”的思路，比如，力图通过科学技术的发展给人类当下带来更多利益就是这样的思路；《老子》的思路是“虑终取其少祸”的思路。如果关注人类的延续，关注不在场者的权利，在场者就不能只顾自己当下权其多福，就应该重视取其少祸的思路。我们可以假设另一个地球，或者说假设“克隆”一个我们现在的地球，上面的各种情况和我们的这个地球都一样，然后，我们现在的地球还是按照权其多福、按照发展科技给人们带来利益的思路往前走，另一个“克隆”的地球按照老子的自然无为的思路做，我们可以想象一下这两个地球上的人类哪一个延续的时间更长呢？这是一个值得我们思考的问题。可以说，人类今天应对所面临的困境，能够从《老子》那儿获得有益的启示。汤川秀树说，老子时代的形势虽然表面上完全不同于人类今天所面临的形势，但是事实上二者却是很相似的。

（三）解释地阅读

《老子》这个文本虽然只有五千多字，但是，历史上对《老子》的注解却非常多，大概除了注解《周易》之外，就数注解《老子》多了。其中，虽然有散失，但是，还是有不少传下来的。如今，仍然不时有新的注解出现。在各种各样的解释中，不管是古代的人还是今天的人，恐怕没有任何一个人敢打包票说自己解释的《老子》就是最准确的，恐怕没有任何一个人敢打包票说自己解释的《老子》就是《老子》原本的思想。可以设想，即使老子再活过来，再讲说《老子》，也不能说他讲的就是对两千多年前那部《老子》的唯一正解，因为作为文本的《老子》已经独立于作为作者的老子，重新活过来的老子也只是两千多年前那部《老子》的一个读者了。

阅读有三个要素，即作者、作品和读者。作者通过创作作品表达自己的意思，读者通过阅读作品形成自己的理解，阅读就是读者通过作品理解作者意思的过程。按解释学的说法，无论作者创作还是读者阅读，都有自身特有的“视域”，所以读者的理解和作者的意思往往会有不合之处，会有“误解”。在中国古代有“我注六经”和“六经注我”的说法，前者侧重于作者，力求“还原”作品中作者的原意；后者侧重于读者，重视理解作品时读者的新意。无论“我注六经”还是“六经注我”，都不会是读者视域与作者视域的完全吻合，也不会是读者视域与作者视域全然无关。既是“我注六经”，其中自然有“我”的理解，而不是与“我”无关的“六经”原意；既是“六经注我”，其中自然有“六经”的意思，而不是与“六经”无关的“我”的新意。阅读其实就是在读者的理解过程中生成与“原作品”具有“家族相似”的“新作品”。比如，西晋的郭象注《庄子》时，常常借着《庄子》来表达自己的思想，以至于后来人们说“曾见郭象注庄子，识者云：却是庄子注郭象”（《大慧普觉禅师语录》）。郭象的《庄子注》就是与《庄子》具有“家族相似”的“新作”。由于不同读者的视域差异，相对同一“原作”会生成不同的“新作”。比如，王弼和河上公都注《老子》，王弼从自己的角度注《老子》就只能得出王弼的《老子》，得不出河上公的《老子》，河上公也得不出王弼的《老子》。由于“六经”的因素，王弼的《老子》和河上公的《老子》会有相似；由于“我”的因素，王弼的《老子》和河上公的《老子》又会有很多差异。王弼的《老子注》和河上公的《道德经注》都是与《老子》具有“家族相似”的“新作”。宋末元初的杜道坚在讲到历代人们注《老子》时说：“注者多随代所尚，各自成其心而师之，故汉人注者为汉《老子》，晋人注者为晋《老子》，唐人注者为唐《老子》，宋人注者为宋《老子》。”（《玄经原旨发挥》）类此而言，还有明《老子》、清《老子》、今《老子》……形成一个不断延续的《老子》族群。

“我注六经”和“六经注我”不是截然对立的，实际上是纠缠在一起的，即使像王弼的《老子注》、郭象的《庄子注》这些偏重于“六经注我”的著作，其中也仍然有很多“我注六经”的内容。所以，没有逐字逐句地深究“六经”中字词章句的意思，就形不成自己对“六经”的整体理解，而在逐字逐句地深究字词章句的意思时，又不可避免地会带有自己的一些“成见”。一般地说，“我”和“六经”越是融会，解释也就越高明。

我在解释《老子》时，也会借着《老子》来表达一些自己的看法，但是，既然是借着《老子》来表达，就不是任意的表达。比如说，我要表达自己的某个看法，如果不管能不能在《老子》中“读”出这个看法来，我都把它挂到上面去，那解释就会成了任意的胡说。有些看法需要借《老子》来说，有些看法需要借《论语》来说；有些看法可以借通行本《老子》来说，有些看法只能借帛书本《老子》或者竹简本《老子》来说。并不是任何一种见解都可以任意地挂搭在任何作品上。因此，在解释的时候，就必须要有一定的原则。清朝有个人叫刘熙载，他写过一本书叫《艺概》，评论诗、词、文、赋等，其中也讲到一点儿怎么写八股文。刘熙载在讲怎么写文章时说：“未作破题，文章由我；既作破题，我由文章。”八股文是命题作文，比如拿《论语》里面的一句话或者拿《左传》里面的一句话等作为题目，让考生写文章。这就需要作者从一个角度点破题目要义，这叫作破题。从哪个角度来点破题目要义，由作者做主，所以说“未作破题，文章由我”。那么，破题以后，后面的写作，诸如承题、起讲、入手、起股等，就需要按照破题来进行，不能脱离题目要义及其脉络走势，所以说“既作破题，我由文章”。我们解读一本经典的时候也有这样的问题，比如，我们读经典都是从自己的角度去理解和解释的，都是有自己的理解的“前结构”的，这可以叫作“解释由我”；而一旦从某一个角度去理解和解释这本经典，那思路也得遵循文本及其理解的内在脉络走势，不能随意，这可以说是“我由解释”。

所以，虽然我在解释《老子》的时候会借着《老子》表达一些自己的看法，但是，我表达自己的看法是建立在有《老子》文本根据的基础之上的，可以说是有据的“误解”，通过这有据的“误解”把我的看法表达出来。由于是对《老子》的解释，所以不会都不合《老子》的原意；由于是我从自己的角度对《老子》的解释，所以也不会都合《老子》的原意。其实，前面讲过，任何读者都难以将文本的原意都“还原”出来，所以，与其说自己的解释是“原意”，不如承认自己的解释有“误解”。当然，承认有“误解”不等于就可以毫无根据地胡说，“误解”也是要有充足理由的。

一、《老子》的主旨是讲无为

《老子》的主旨是讲无为，我们在读《老子》这本书的时候，无论什么问题，都要结合“无为”这个主旨来理解。这一点，人们很早就注意到了。司马迁在《史记》中引用他父亲司马谈的《论六家之要指》，其中讲到“道家无为”，“要指”也就是主旨，在这儿就已经强调了道家的主旨是无为这个特点。后来，王弼在《老子指略》中说：“《老子》之书其几乎！可一言而蔽之，噫！崇本息末而已矣。”也就是说，王弼认为《老子》这部书可以用一句话概括，那就是“崇本息末”。那么，什么是崇本息末的“本”呢？王弼说“本在无为”（王弼：《老子》三十八章注）。所以，说《老子》“崇本”也就是说《老子》推崇无为。

什么是《老子》讲的无为呢？

在《老子》那儿，无为是和自然联系起来讲的，所以，我们先来说自然。

《老子》说："人法地，地法天，天法道，道法自然。"（第 25 章）法是效法的意思，即照着对象的做法去做。"人法地，地法天，天法道"，都有一个效法的对象，比较好理解。那"道法自然"是什么意思呢?《老子》说道"独立而不改"（第 25 章），"独立"是说没有与道相对待并可供道效法的东西；"不改"是说道不存在改变的事，效法什么对象就是要对照着对象改变自身，道没有改变，也就谈不上效法什么对象。"独立而不改"说明让道效法什么对象既没有可能，也没有必要。《庄子》说道"自本自根"（《大宗师》），道就是其自身的原因和尺度，没有外在意志的支配，没有外在因素的影响。所以，道法自然其实就是道自己的样子，是自己而然、自然而然。

这样一种没有外在意志支配的、没有外在因素影响的自己而然、自然而然也就是道的无为。《老子》第 37 章中讲"道恒无为也"（"恒"这个字在这儿读 gèng，不读 héng，这个问题我们在后面讲《老子》的道的时候再进一步说明），恒就是全遍的、完全的，恒无为就是完全的无为。

"人法地，地法天，天法道，道法自然"，最后其实是要落到人法道、人法自然上去，中间的法地、法天是一个过渡，所以，在"道恒无为也"之后，《老子》接着讲"侯王能守之，而万物将自化"。在这儿，侯王指治理社会的人。如果治理社会的人能按照无为的原则治理社会，那么，事物将自然而然地生化。也可推及更多的人，按照无为的原则做事的人越多，万物自化的局面就越容易形成。

道“独立而不改”，所以自己而然、自然而然。具体事物既不独立，也并非不改，不可能没有任何外在因素的影响，所以，人的自然无为虽然是效法于道，但是，与道的自然无为并不完全相同。人所效法的是道的自然无为的精神，即不以自己的意志支配和干预事物的生化，而是任事物自然而然地生化。人的自然无为不是说人的行为不受任何外在因素的影响，而是说人要像道那样，以自然而然的态度来做事。《老子》讲自然无为的重点不是道的自然无为，而是人的自然无为，道的自然无为是人效法的对象。

就自然和无为来说，自然是一种态度，无为是一种措施，以自然的态度行事就是无为。自然又是一种状态，无为取之于自然的态度，而无为又形成自然的状态。比如，就社会治理讲，《老子》说“希言，自然”（第 23 章），希言就是少说话，其深层含义是少发号施令或者不发号施令。这儿的自然可以说是一种态度。《老子》又说“圣人居无为之事，行不言之教”（第 2 章），这儿的“居无为之事”就是一种行为，“行不言之教”也就是实现希言。这样，社会得到治理，而百姓曰“我自然也”（第 17 章），这儿的自然可以说是一种状态。

《文子》说“天下之事不可为也，因其自然而推之”（《道原》）。“因其自然而推之”就是因顺自然去做，而不是按照人的意志去做。之所以要“因其自然而推之”，是因为“天下之事不可为也”。在这儿，“为”指人按照自己的意志去做事。之所以说“天下之事不可为”，是因为天下之事的变化因素太复杂了，不可预测。《老子》说：“夫天下神器也，非可为者也。”（第29章）在这儿，“神”指神妙莫测，有如《易传·系辞上》讲的“阴阳不测之谓神”。“神器”指神妙莫测的事物。天下之事变化莫测，人很难预知按照自己的意志去做事会带来什么样的结局，所以说“非可为者”，所以说“不可为”。《庄子》说“顺物自然而无容私焉”（《应帝王》），“无容私”就是不出于自己的意志。因自然推之需要做什么就做什么，因自然推不出要做什么，就不存心去做什么，这就是“顺物自然而无容私焉”。

因此，所谓无为并不是说“凝滞而不动”（《淮南子·主术训》），而是“不先物而为”（《论衡·自然篇》）。“不先物而为”就是不预先设定、不提前谋划。《老子》说“吾不敢为主而为客”（第69章），我不敢做主动挑战的一方，我要做应战的一方。因自然推之需要做事，我就应对；没有所推要做什么，我不会去没事找事，想着做事。比如，人活着就会有吃喝住穿的需求，只有满足这些需求，人才能生存，所以，就得解决吃喝住穿的问题，这是自然的，不是人设定的。要解决吃喝住穿的问题，就得生产出相应的生活资料来，就得相应地发展一定程度的生产力，这都是“因其自然而推之”。但是，如果是没有需求刺激需求，没有消费拉动消费，使需求不断地增长，使消费不断地增加，那就不是“因其自然而推之”了。

三国时的嵇康把人的需求分为两种，说：“不虑而欲，性之动也；识而后感，智之用也。性动者，遇物而当，足则无余；智用者，从感而求，倦而无已。”（《答难养生论》）“不虑而欲”是没有经过谋划而有的欲望，比如肚子饿了就有食欲，不需要经过考虑是不是该肚子饿了，不需要根据别人的饥饱来决定自己要不要吃饭，这就是“性之动”，是因自然而推之。“识而后感”是由心志的影响而产生欲望，比如由攀比所导致的欲求就是根据他人的欲求而产生的，这就是“智之用”。“不虑而欲”的需求足则无余，比如，吃饱了就没有食欲了，所以，其生产的原则是“够了就行”；“识而后感”的欲求，其生产的原则是“越多越好”，但是，即使倦而无已，仍然难以满足。所以，无为不是说连满足“性之动”的需求的事儿也不去做，而是说事儿要“莫从己出”（《淮南子·主术训》），不人为地设定一个又一个目标然后去实现，以致倦而无已。

《淮南子》说所谓无为是“私志不得入公道，嗜欲不得枉正术”，是“循理而举事”（《修务训》）。“智用”是私志，“从感而求”是嗜欲，如果通过不断地向外攫取以满足自己不断增长的欲求，那就是“私志入公道，嗜欲枉正术”了。人解决生存的各种问题是正术，但是，如果要占有的财富越来越多，使用的东西越来越豪华，生活越来越奢侈，那就是嗜欲，嗜欲会歪曲正术。比如，为了满足人的吃喝住穿的需求，就得生产一定的产品，生产产品是为满足人的需求，这是正术。但是，如果刻意追求生产越来越多的产品，并且为了使生产出的越来越多的产品得到消费，而没有需求刺激需求，没有消费拉动消费，那么，人和产品的关系就被颠倒了，不是产品为了满足人的需求而生产，而是人为了使产品得到消费而存在。这就是“枉正术”，也就是后来人们说的异化。

人要活着就得吃喝住穿，就得生产解决吃喝住穿的生活资料，这都是“循理而举事”。“举事”就是做事。不是说自然无为就不做事了，而是有一个“循理”的问题。“循理”就是因应事情的理路，其中既有应（yìng）——顺应、感应的问题，也有当（dàng）——恰当、正当的问题。我们经常讲要追求自己的正当利益，“循理而举事”就是取得正当利益。如果是“私志入公道，嗜欲枉正术”，那就不是应当（yìng dàng）了。所以，无为不是感而不应，不是说无论发生什么问题我都没有反应，没有应对措施，而是无论发生什么问题我都能觉得，有什么问题就会去解决什么问题，这就是感而应。不没事找事，但是，要遇事做事；不没病找病，但是，要有病治病。现在有这个问题，我们就相应地解决它；现在有这个病症，我们就相应地医治它。如果我能把问题解决得比较恰当，把病症医治得可见成效，那就是应对得当（dàng），就是应当（yìng dàng）了。在应当（yìng dàng）中，道家更注重应（yìng），但是，并非不重视当（dàng）。

与无为相反，有为是“用己而背自然”（《淮南子·修务训》）。所谓“用己”就是按人的意志或者按某种意志设定一个并非自然而然的应当（yīng dāng），这就违背自然了。

应当（yīng dāng）和应当（yìng dàng）这两个概念有很大区别：yīng dāng 是在人的活动之外的，是设定的，yīng dāng 这样 yīng dāng 那样，这就是“用己”；yìng dàng 是在人的活动之中的，是生成的，是循理举事，因事制宜。yīng dāng 是针对“前面”的，前面有一个目标，不断地去接近它；yìng dàng 是针对“旁边”的，旁边的境遇发生变化，就去应对它。yīng dāng 是“性质”的、“概念”的；yìng dàng 是“关系”的、“操作”的。yīng dāng 是静态的、有“终极”的；yìng dàng 是动态的、无“终极”的。可以说，在《老子》这儿，在道家这儿，主要是讲 yìng dàng 的问题，如果非得要说 yīng dāng 的话，那只能是说应当（yīng dāng）应当（yìng dàng）。

司马迁在《太史公自序》中有一段话，说道家“与时迁移，应物变化，立俗施事，无所不宜”（《史记》卷一百三十）。“与时迁移，应物变化”，就是一个应（yìng），我不是凝滞不动，而是要与我的生存背景、生存境遇的变化相应而动。处境不发生变化，我也不变，处境发生变化，我就应变，“时止则止，时行则行，动静不失其时”（《易传·彖传》）。“立俗施事”即在具体的处境中行事，对具体处境做回应。“无所不宜”的宜也就是当（dàng）。

由于道家不设定应当（yīng dāng），只是应当（yìng dàng），所以，“指约而易操，事少而功多”（《太史公自序》）。“指约而易操”是说很容易操作，不需要设计，只是感而应、迫而动就行了。“事少而功多”是说做事少则过失少，反过来看，过失少也就是功业多。通常社会的评价标准总是说无功就是过，按《老子》和道家来说，评价标准应该是无过就是功，所以，但求无过。

人的很多的问题和过失，正是在人想方设法建功立业的过程产生的。常人多以为人有可臻完善性，认为人和社会会随着不断的“进步”而越来越好，而《老子》以及道家则认为人有易犯过失性，因为人不管从哪个方面讲，诸如时间、空间、实践能力、认识能力等都非常有限，远不足以把握不断变化的复杂情况，“万事无穷极，知谋苦不饶”（阮籍：《咏怀诗》三十三）啊。人不能确定自己制订和实行计划最后会导致什么样的结果。因为总是计划赶不上变化，所以，往往如伏尔泰所说，早上我制订诸多计划，于是一整天都尽干傻事。① 或者像布莱希特所说，人总在忙着准备下一个谬误。② 许多事情，往往在开始的时候看起来好像取得点儿成就，但是，这所谓的“成就”究竟会给以后带来什么样的结果呢？不得而知。《文子》说“事或不可前规，物或不可豫虑”（《上德》），前规即提前谋划，豫虑即预先打算。南朝宋人谢惠连说“夷险难豫谋，倚伏昧前算”（《文选》卷二三）。诗中的“倚伏”即《老子》所说“祸兮福之所倚，福兮祸之所伏”（第 58 章）。福祸固然相倚伏，可是谁能把握住福祸转化的确定界限呢？所以《老子》说“孰知其极？其无正也”。对今天来说是“功”，对明天来说也许是或者可以说往往是“过”；在今天的“福”，带给明天的也许是或者可以说往往是“祸”，所以说“昧前算”。在前面讲过陆机说的“经始权其多福，虑终取其少祸”，正因为人有易犯过失性，所以才说要取其少祸。所以，无为的价值不在于要“求以得有”，而在于能“罪（祸殃）以免欤”（第 62 章），不在于“就利”，而在于“避害”（见《文

---

① 参见［德］恩斯特·卡西勒：《卢梭问题》，王春华译，译林出版社 2009 年版，第 59 页。

② 参见［德］卜松山：《与中国作跨文化对话》，刘慧儒、张国刚等译，中华书局 2003 年版，第 95 页。

子·符言》)。那怎么才能避免或者减少祸害呢?这就要尽量不主动地刻意地去谋求作为,因为“多事多患”(帛书《二三子问》)。一件事情该做就得做,所谓的“该”的原则就是不得已,如《文子》说“动于不得已”(《符言》),《淮南子》说“行所不得已之事”(《诠言训》)等。行不得已之事,即使不知道这件事情会带来什么后果,那该做也得做。《庄子》说“不逆寡,不雄成,不谟(谋)士(事)”(《大宗师》),“不逆寡”即不拒绝损失,“不雄成”即不雄志成功,“不谋事”即不谋划事情。这样的话,“过而弗悔,当而不自得”(《大宗师》),过即应对不当,应对不当也不后悔,应对得当也不得意。《文子》说,“不谋所始,不议所终”(《下德》),凡事始于不得已,终则不在意。

通过分析我们看到,无为和有为的区别不在于为还是不为,有为是为,无为也是为。有为和无为的区别在有和无上。有为和无为的区别也就是为主还是为客的区别,是主动所求之为还是被动所应之为的区别。有为的为是主动所求之为,无为的为是被动所应之为,有时它们两个所为可能是同样的,但是,意愿和态势不同。好比两个人做的是同样的事,如果一个人是主动地去做这个事,一个人是被动地去做这个事,那么,虽然所做的事一样,但是,一个人是有为,一个人是无为。

对于《老子》和道家的自然、无为以及不得已等,需要从思想上去领悟它，而不是着意于从语言的、概念的角度去澄清它，因为语言有时候对事情的表述是很无能为力的。比如，我们讲自然，梁启超先生就说过，道家、老子整天讲自然，而“欲如何欲如何者，正乃人性之自然也”；“人能有所为且不能不有所为，即人之自然状态也”。[①] 其实早在西晋时候，郭象就曾流露出这样的意思。《庄子》说，牛马长四只蹄子是自然，给马套上笼头，把牛鼻子穿起来是人为（《秋水》），郭象注说：“人之生也，可不服牛乘马乎?”如果把人所做的一切都看成是“不得已”，那人所做的一切也就都可以说是自然了，也就没有必要区别自然和人为了。

讲无为也有它的问题。一般来说，讲正的东西好讲，讲负的东西不好讲。有为是正的，所以好讲；无为是负的，所以不好讲。讲有为，在语言上不会出现自相矛盾的问题，但是讲无为，就容易出现自相矛盾的问题。在数学、逻辑学、语言学里都有悖论，往往和讲负有关。尤其是把负的问题扩展到全的情况下，一个“负”加上一个“全”，一定会产生逻辑矛盾。《墨子·经下》说“以言为尽悖，悖”。“悖”在这儿是不对、抵触违背的意思。这句话的意思是，说“所有的话都不对”这句话是自相抵触违背的，也就是自相矛盾的。因为“所有的话”中包

---

① 梁启超：《先秦政治思想史》，中华书局、上海书店 1986 年版，第 104、105 页。

括“所有的话都不对”这句话，如果这句话是对的，那么这句话就是不对的。如果我们说“所有的话都对”，或者说“除了‘所有的话都不对’这句话，所有的话都不对”，就不自相矛盾了。《老子》讲的无为，涉及负，涉及全，所以就会出现自相矛盾的现象，因为，讲无为其实已经是在为了。

尽管表述会自相矛盾，但是，哲学和数学不同，数学要排除逻辑矛盾，为了“一致性”而放弃“完全性”，而哲学则为了“完全性”而放弃“一致性”。如果说想在逻辑上保持一致并且把全部哲学问题都讲通，那是不可能的。哲学重视在不一致的言传中去玩味，尤其是读像《老子》这类诗意表述的哲学经典，就更是这样。所以，我们不在概念上纠缠什么是自然、什么是无为的问题，而是要领悟自然、无为的意蕴。哲学重在意，不在言，在言上过多地纠缠必然会导致哲学的枯萎。尤其是中国古代思想，重视心领神会，所以，中国古代思想家们很注意避免意和言的过多纠缠，比如，《庄子》说“言者所以在意，得意而忘言”（《外物》）；王弼说“言者所以明象，得象而忘言；象者所以存意，得意而忘象”（《周易略例》）。

清代章学诚说“风尚所趋，必有其弊。君子立言以救弊，归之中正而已矣”（《文史通义・说林》）。又说“所贵君子之学术，为能持世而救偏”（《文史通义・原学》）。历史上真正有价值的思想可以说都是对现存社会状况起一种随时补救的作用。前面说过，人类社会从古到今都是带病体，今后也不大可能构建出不带病的社会来。所以，任何真正有价值的理论，都不是只对现存状况做一种“生理”的描述，更是对现存状况做“病理”的分析以及对治。人类社会这辆“车”行进的动力足够大，根本不需要再用某种思想去“推动”，思想的意义和价值应该在于对这辆“车”的“制动”，以维持这辆“车”不翻覆。所以，《老子》推崇无为只能是对社会过于有为的状况起点儿补偏救弊的作用，不必先假设如果所有的人都无为那将怎么样，然后为此担忧。

二、为什么要讲无为

司马谈说“道家无为”；王弼说《老子》“崇本息末”，而“本在无为”。他们都强调了“无为”在《老子》思想中的重要性，但是，《老子》为什么要主张“无为”呢？这个问题在前面的讨论中已经涉及，下面我们再进一步深入分析。

思想家在进行思考、表述思想时往往会有一个中心问题。陈康先生说“问题是哲学著作中的命脉”，如果不能把握其中的中心问题，那么就不能了解一篇哲学著作。[1]陈康先生主要是针对西方的典籍讲的，中国传统典籍，尤其是像《论语》、《老子》这样的对话式、格言式的经典，不像西方典籍那样有条理。但是，不管是《论语》还是《老子》，都还是有它们的“一以贯之”的中心问题的。读经典需要抓住其中的中心问题，抓住中心问题，才能深

---

① 参见［古希腊］柏拉图：《巴曼尼得斯篇》，陈康译注，商务印书馆 1982 年版，第 18 页。

入理解经典。比如，孔子思想的中心问题可以说是情与理（或者说欲与矩）的关系问题，孔子讲仁、讲礼、讲忠恕、讲中庸、讲克己复礼、讲从心所欲不逾矩等，都是围绕这个中心问题的。那么，《老子》思想的中心问题是什么呢？我们可以将《老子》思想的中心问题概括为有限和无限（或者说偏和全）的关系问题，《老子》讲道、讲德、讲自然、讲有无、讲知雄守雌、讲无为而无不为等，都是围绕这个中心问题的。我们可以说，《老子》之所以推崇无为，是由于思考偏和全的关系问题所导致。

在《老子》思想中，道是根基，德是主干，道和德是《老子》思想中最主要的内容，所以《老子》又叫《道德经》。因此，要理解《老子》思想的中心问题，即有限和无限或者说偏和全的关系问题，首先需要对《老子》的道和德做一番分析。

（一）道

“道”这个字在甲骨文中还没有见到过，在金文里有。“道”字在金文中的基本形状是这样的（见图），

在古文字中有时把道写成“衜”或“衟”。这个字由两部

分构成，外面部分是个“行”字（见图），

在这儿读 háng，“行”意指四达之衢，就是十字路口的意思。中间部分是个“首”字，“首”在这儿表示人。这个字所象形的是在十字路口有一个人。在湖北荆门郭店竹简《老子》中，“道”字有时写成这样（见图），

这就更形象了，中间就是一个人。这就是“道”这个字的构成。

在《老子》这儿，我们不把“道”这个字理解成一个概念，我们只把它看成一个字，或者说是一个图像，我们需要的是这个字形中所包含的信息。《老子》之所以要用道这个字作为他思想的根基，和这个字形中所包含的信息紧密相关。

我们来分析“道”这个字形中的信息。当人处在十字路口时，他和各个方向都有对应关系，可以走向四个方向。我们可以进一步扩充这种对应关系，我们可以想象一个人处在茫茫无际的大漠之中的情况。处在十字路口时可以对应四个方向，那么处在茫茫无际的大漠之中可以对应

多少方向呢？可以对应无穷个方向。用《庄子》中的话说，这叫作“得其环中，以应无穷”（《齐物论》）。什么是“得其环中”呢？环是圆圈型的东西，环中其实就是圆心。《墨子·经上》说圆是“一中同长”，一中是圆心，同长指半径。“得其环中”就是处在圆心的位置。为什么说“以应无穷”呢？因为圆心和圆周上的任何一个点都有一个对应关系，是全对应，所以说“以应无穷”。当然，《庄子》说这句话并不一定是从数学的解释讲的，但是，这句话的意思是只要站在旷野就能感受得到的。由于“道”这个字形中具有这全对应的意蕴，所以《老子》借用它来表示全，作为思考偏和全的关系问题的基础。这样，“道”这个字也就有了哲学的意义，并且因此成了中国哲学中最重要的一个字。虽然在《老子》之前人们就在使用“道”这个字谈论一些抽象问题，但是，只是到了《老子》使用“道”字，这个字才哲学化了。并且，因此形成后来称之为道家的流派。“道”这个字的哲学化是《老子》对中国文化乃至世界文化的一大贡献。

前面说了，在《老子》这儿我们不把“道”这个字理解成一个概念，因为概念是要定义的，而对道来说，不能下定义，因为一旦定义，就会失去全的意蕴，所以《庄子》说“道不当名”（《知北游》），名就是下定义了。在《老子》里，“道”只是一个字，叫作“字之曰道”（第25章），而不说“名之曰道”。“字之曰道”就是只把

“道”当作字来看，只把它当作图像来看，不是下定义。如果硬要给道下定义的话，那么可以“强为之名曰大”（第25章），即勉强地名其为“大”，但是，这不是严格的定义。那“大”是什么意思呢？王弼解释说，“大”是“取乎弥纶而不可极”（《老子指略》），“弥”是遍的意思，“纶”是包络的意思，“弥纶而不可极”是说全部包络而没有边际，所以这儿的“大”也是全的意思。

后来，人们从各种不同的角度来言说“道”这个字的意思，也就是开始名道了。比如《庄子》说，道“于大不终，于小不遗，故万物备”（《天道》），就是说，从大的方面来讲，它没有终点；从小的方面来讲，任何细微的事情它都没有遗漏，所以万物备。备是完备、齐全的意思，所有的东西都在这儿。《鹖冠子》也讲“无不备之谓道”（《环流》）。西晋时的裴頠说“总混群本，宗极之道也”（《崇有论》），总混群本就是无不备，一切都在这儿。《庄子》、《鹖冠子》、裴頠的言说中包含着全、备的意思，勉强体现了《老子》关于道的意蕴，也可以说是“强为之名”。此外还有各种言说，有的人以理说道，如韩非子说“道尽稽万物之理”（《韩非子·解老》），虽然也讲“尽”，但是，只是就“理”讲。有的人以气说道，如北宋张载说“太和所谓道，中涵浮沉、升降、动静、相感之性，是生絪缊、相荡、胜负、屈伸之始”；又说“由气化，有道之名”（《正蒙·太和》），虽然也有全的意思，但是，只是就“气化”讲。还有人以道为无，有人以道为有，等等。

德国哲学家雅斯贝尔斯说：“任何一个谈到大全的命题，本身就包含着一个意义矛盾。”① 对于言说道也是这样。如果说道是无，那么它就不是有；如果说道是理，那么它就不是气；如果说道是起源，那么它就不是终结；如此等等。所以，《老子》说“名可名也，非恒名也”（第1章。“恒”在这儿还是读作 gèng，不读 héng，这个问题我们放在后面再讲）。就是说，只要下定义，就不是那全的意思了。像前面说对道“强为之名曰大”，但是，说大就不是小，就不全了，所以，只是勉强的名，并不是严格的定义。从人的有限的角度看，有过去、现在、未来的区别，从道来说，过去、现在、未来全在那儿了。对有限的事物来说，有尚未出现和已经消失的变化，对道来说不存在尚未出现和已经消失的事。《老子》说“字之曰道”的这个东西“独立而不改”（第25章），道没有对待，没有变化。所以，如果说道是本，那么就有末和本对待；如果说道是体，那么就有用和体对待；如果说道是一，那么就有多和一对待；如果说道是始，那么就有终和始对待；如此等等。拿前面“独立而不改”这句话来说，说道独立，就有对立相对待；说道不改，就有改变相对待。甚至

① 熊伟主编：《存在主义哲学资料选辑》上卷，商务印书馆1997年版，第550页。

对道而言，连全都不能说，因为如果说道是全，那么就有偏和全对待。只要说道是什么，就有对待，就不独立，就不全。如果非要说道是什么，那么只能说道是道。在逻辑学里面，定义是要揭示概念内涵的，下定义忌讳同语反复，因为这样不能揭示出内涵，但是，对于道来说，我们没有办法、没有能力揭示它的内涵，所以，只好说道是道。德国哲学家海德格尔认为，在最高意义上，同语反复不是什么都没有说，而是把所有的一切都说出来了。

在以后的论述中，我们时而会讲“道是……”，那都是方便言说的“偏面”表述，都不是说道是“什么”。

让我们再来分析“道”这个字。“道”字就像在十字路口有一个人，当一个人处在十字路口时，这个人与四个方面都有对应关系。我们又想象一个人处在茫茫无际的大漠之中，犹如一个人处在圆心的位置，他和圆周上任何一个点都有对应关系。但是，只有在人处于静态时，才能有这全对应关系，如果人一旦向某一个方向移动，那么就失去了与其他方向对应的可能性，就不全了。人处在十字路口上可以选择走东南西北任何一个方向，或者东或者南或者西或者北，但是，一旦走向某一方向，比如走向东，那就不能再向南或者向西或者向北走了。向东走是一种选择，一旦选择就不全了，这叫作“选则不遍”。《庄子·天下》说“选则不遍……道则无遗者矣”。道是无遗的，是无不备，一选择就要丢失，就要遗。这就是我们讲的有限和无限或者说偏和全的关系。人是非常有限的，是偏，人要生存，就不能不动，就得选择，可是一选择就不全了。《荀子》说“行衢道者不至”（《劝学》），就是说十字路口不能走，没有谁能同时走向东西南北，想要同时走向东西南北，只能是原地踏步。别说是常人，就是神、佛，移动的时候也只能是一个方向。很多佛寺里有千手千眼佛像，哪个方向都能招，哪个方向都能看，不用千耳，因为耳朵接收信息没有方向性的制约，前后左右、东南西北，哪个方向的信息都能接收，眼是有方向性的，千眼才能照顾到一周。但是，没见哪个寺庙里有千脚佛这样的佛像。反过来说，即使有千脚，走的时候也只能是一个方向，就像蜈蚣、千脚虫，有那么多脚，也只能走向一个方向。任何一个物体都不能同时向四面八方移动，这就叫“行衢道者不至”。

这个思想是非常深刻的。人经常会面临选择，选择就会出现得其一而失其余的情况。处在十字路口可以对应全方向，一旦移动就只能走一个方向。走一个方向叫小行，行衢道是大行，大行不能行，小行虽然可行，但是，一小行就使道受损失了。《庄子》中讲“小行伤道”（《缮性》），郭象《庄子注》说：“以一体之所履，一志之所乐，行之天下，则一方得而万方失也。”（《缮性注》）处在圆心，可以“得其环中，以应无穷”，一旦选择一个方向移动，就失去与其他方向的对应，一方得而万方失了。所以，要想保持全，最好的选择就是不选择。《庄子》中讲到一个人叫田子方，据说是魏文侯的老师，又叫无择。郭象在《庄子注》中说："唯无择……乃全耳。"（《至乐注》）

白居易有两句诗："周易休开卦，陶琴不上弦。"（《喜老自嘲》）为什么要说"周易休开卦"呢？因为《周易》算卦是由很多可能性最后变成一个必然性的过程，越算可能性越小，最后得出一个必然结果。《周易》中的卦由两个基本的符号⚊和⚋排列而成，后来把这两个基本符号分别叫作阳爻和阴爻。一个卦有 6 个爻，这样一共排列成 64 个卦。那么在算卦之前有多少种可能呢？有 2^6 种即 64 种可能。假如我们算的第一爻即最下面一爻是阳爻，那就把第一爻是阴爻的 32 种可能性去掉了。假如第二爻算个阴爻，又把第二爻是阳爻的 16 种可能性去掉了。算出第三爻后再失去 8 种可能性，算出第四爻后又失去 4 种可能性，算出第五爻时就只有 2^1 种可能了。算出最后一爻即最上面一爻来就是 2^0 种可能，也就是必然了。所以，《易传·系辞上》说"蓍之德圆而神，卦之德方以知"，《易传·系辞下》说"其初难知，其上易知"。《周易》算卦，最初的敞开性、可能性很大，每算出一爻就减少一半可能，到最后得出一个卦象，成为必然。我们经常讲必然性，可以说所谓必然性都是越来越成为必然，不是一开始就是必然。不开卦可能性很多，敞开性很大，可以和全部的卦对应，一开卦就失去全了。“陶琴不上弦”是怎么回事呢？据史书记载，陶渊明有一张琴，琴上没有弦，陶渊明经常抱着这张无弦琴拨弄。为什么要无弦呢？因为上弦拨弄，弹出一种声音来，其他声音就都不可能了，声音就要有遗失。弹一曲《春江花月夜》，就不可能有《二泉映月》、《阳关三叠》等其他曲子的声音了，这也是“选则不遍”。郭象在《庄子注》中说：“故吹管操弦，虽有繁手，遗声多矣。而执籥鸣弦者，欲以彰声也，彰声而声遗，不彰声而声全。”（《齐物论注》）就是说，无论是什么乐器，无论有多少只手，只要我们演奏出声，就会有声音遗失，只有不出声，才能保持和全部声音的对应，所以《老子》说“大音希声”（第40章），希声就是寂静无声。同样，还讲“大象无形”。像前面讲的卦，不显现为任何一个卦象就是无形的“大象”，只要一开卦，“大象”就受损失了。“周易休开卦，陶琴不上弦”就是无择。

但是，人不能不选择，不选择没法儿生存，而一旦选择就会失去全。伯林说：“我们注定要面对选择，每一次选择都伴随着无可挽回的损失。”① 既不能不选，又不能全选，而人又不愿意有损失，这对人来说实在是一个难题。

---

① ［英］以赛亚·伯林：《扭曲的人性之材》，岳秀坤译，译林出版社2009年版，第17页。

《淮南子》说："杨子见逵路而哭之，为其可以南可以北。"（《说林训》）什么是逵路呢？《尔雅》解释说"九达谓之逵"（《释宫》）。古代对道路有很多说法，通向一个方向叫道路，两个方向叫歧，四个方向叫衢，五个方向叫康，六个方向叫庄，九个方向叫逵。我们常说四通八达，如果把四通定位为东、南、西、北，那么再加上东南、东北、西南、西北就是八达。九达是比八达还多一个方向。杨子见到这种状况的路就哭了。为什么要哭呢？因为在眼前有很多方向，不知道该怎么面对，不知道该怎样走。这是让人很头疼的事情。

人很奇怪，既怕无路可走，又怕岔路太多。魏晋时期的阮籍，是当时"竹林七贤"的主要人物，史书记载他时常由着性子驾车独行，走得没路了，就恸哭一场，然后返回来（见刘孝标：《世说新语注》引《魏氏春秋》）。阮籍的哭是无路可走的哭，杨子的哭是岔路太多的哭，这是中国文化史上非常有名的两个"哭"，在很多作品中被提及。比如，萧统说"非无阮籍之悲，诚有杨朱之泣"，杜甫说"茫然阮籍途，更洒杨朱泣"，雷琯说"朝为杨朱泣，暮作阮籍哭"等。尤其是雷琯的两句诗，写尽了人生。

杨子和阮籍的哭都是形而上之哭，包含着深刻的哲理。哲学经常需要以哭来表达自己的意味，也就是说，哲学经常思考一些让人无奈的忧伤的东西。杨子见逵路就很无奈，可以南可以北，意味着方向的多向性和选择的单向性的矛盾。我们前面讲了“选则不遍”，一选就要失去很多，一方得而万方失，所以，杨子在见到逵路的时候就愁得哭了。如果扩展到我们的生活中，就是价值的多样性和选择的单一性的矛盾。人生、社会都是非常复杂的，并非只有一个价值目标，很多的价值目标分布在不同的方面，往往扞格冲突，我们很难将各种价值都归并到一个目标上去，正如我们不能将东南西北都归并到一个方向。前面说了，人经常会面临得其一而失其余的情况，假如能将多个方向归并为一个方向，也就不会得其一失其余了。所以，对于多样的价值选择来说，也许有些能够兼得，但是更多的是不可得兼，不能够此处损失彼处补，得了就得了，失了就失了，所失是所得补不起来的。比如，人在 16 岁花季时谈恋爱的感受，能在 26 岁的时候补起来吗？一个孩子在 16 岁时想谈恋爱而没有谈，专心致志地学习，考上了一个好大学，这可以说是在这一方面的得。但是，这个孩子不可能用大学毕业找了个好工作，再谈了个好对象，来弥补 16 岁时失去的谈恋爱的感受。当然，我们在这儿只是举例，所谓的早恋和学习并非必然冲突，但是多数情况下还是会冲突的，所以现在的家长、老师才极力不主张所谓的早恋。不主张所谓的早恋，不是说少男少女在 16 岁花季时谈恋爱全无道理——人发育到这个年龄就有了与异性交往的需求，而是权衡在这个年龄谈恋爱和做其他事情——比如学习知识和技能——的得失，进而选择割舍或者淡化谈恋爱的美好感受。社会也是一样的道理。比如，在社会政治生活中既要讲个体自由，也要讲群体秩序，这两方面也是没有双赢的，很难归并到一个价值上。如果东南西北各个方向的价值都能归并到一个方向，那杨子也就不用愁得哭了，他可以在向一个方向行走时把向其他方向行走的目的都达到了，那还哭什么？所以，杨子的这个哭中包含着深刻的哲理，是形而上的哭。

《列子·说符》中有一个“歧路亡羊”的故事，说杨子的邻居丢了一只羊，于是便带领全家人去寻找，还请了杨子的童仆来帮忙。杨子问邻居说，你只丢了一只羊，为什么要去这么多人寻找呢？邻居说，路上岔路太多了。过了一会儿，去找羊的人都回来了，杨子问，羊找到了吗？邻居回答说，没有找到。杨子又问，去了那么多人，怎么会找不到呢？邻居懊丧地说，岔路之上又有岔路，不知该往哪个方向走，只好回来了。杨子听了后，脸色变得很忧伤，好半天儿不说话，一整天都不笑。可以看出杨子对路的多向性是很敏感的，并由此而感悟人生，所以李商隐说“东西南北皆垂泪，却是杨朱真本师”（《别智玄法师》）。在中国传统文化中讲“哲人”，而不说“哲学家”。杨子就是一个能在生活中感悟哲理的哲人。

对于杨子的这样一种感悟，作为哲人的老子也一定感悟得到。对于面对那种既不能全选又不能不选的尴尬局面，杨子的反应是哭，而老子则是感叹地说："道可道也，非恒道也。"（第1章）在这里，第一个"道"字是不定的道；第二个"道"字用作动词，指行；第三个"道"字表示全方向的道。这句话的字面意思是说，凡是所行之道都不是那全方向的"道"。也就是说，不论是谁，只要移动，就只能是向一个方向移动，不能是向全部方向的移动，我们不能同时走向四面八方，这也就是荀子所说的"行衢道者不至"。

《说文解字》解释"道"字时讲"所行道也，一达谓之道"。一达就是走向一个方向。为了区别这可行的一达之道，《老子》把表示全方向的那道称为"恒道"。"恒"在这儿读 gèng。《老子》中具有哲学意蕴的"道"就是说的这"恒道"，和《说文解字》中解释的"道"不是一回事儿。"恒道"是通过（动词的）道即行而领会的，没有杨子见逵路而哭之类的担忧，难以领会"恒道"。"恒道"意味着全，不可行，可行的道总是一偏，偏和全的关系问题呈现了出来。

"道可道也，非恒道也"这句话在世传本《老子》那儿变成了"道可道，非常道"。这是因为避讳汉文帝刘恒（héng）的名字，把"恒"字变成"常"字了。在以前有避讳制度，碰到处于尊位的人的名字要避讳，比如，子女不能说父母名字里的字，平常说话都要避讳父母名字里有的字，更不能直呼其名。臣属平民对皇帝也是这样。因为汉文帝叫刘恒，所以人们在抄写《老子》的时候，就不能抄“恒”字，只好用和“恒”意思相近的“常”来代替。这在很早的时候就这样了。1973 年，在湖南长沙马王堆出土了两种抄写在丝织品上的《老子》，一个是在汉高祖刘邦之前抄的，还不避讳刘邦的“邦”字。另一个是在刘邦之后汉文帝刘恒之前抄的，“邦”字都变成“国”字了，而“恒”字还没有因为避讳改掉。我们以往看到的世传本《老子》把“恒”字也改掉了，这是汉文帝之后的做法。

“恒”和“常”这两个字在很多地方意思相通，比如说，“恒”和“常”都有长久、永久、固定不变、常法、规律的意思，等等，在这些意思上这两个字可以互换。但是，“恒”和“常”这两个字的含意是一种交叉关系，而不是全同关系。“恒”除了读为 héng，还可以读为 gèng。当“恒”读为 gèng 时，有“全遍”的意思。《诗 · 大雅 · 生民》中讲“恒之秬（jù）秠（pī），是获是亩；恒之穈（mén）芑（qǐ），是任是负”。秬、秠、穈、芑都是黍子一类的谷物。《毛诗传》中对“恒”的解释就是“遍”，东汉郑玄说是“遍种之”，唐代孔颖达说“以言种之广多，故以恒为遍”，朱熹解释说“恒，音亘（旧读 gèng），谓遍种之也”。《书 · 洛诰》说“奉答天命，和恒四方民”，又说“视予卜休，恒吉”。其中的“恒”也是“遍”的意思。而“常”这个字就没有这意思。这样，在传抄《老子》的时候把“恒”换成“常”就出现问题了，把“恒”字中“全遍”的意思给没有了。所以，很长一段时间以来，人们在解释《老子》中的“恒道”的时候，都是以“常”来解释的。“常”是什么意思呢？常是长久、永久，是“时间性”的。——我说的是“时间性”，时间是一维的，空间是多维的，我在这儿只是取时间的一维的特性，同样，讲“空间性”的时候也是取空间的多维的特性，不是讨论时间问题和空间问题。——而恒（gèng）呢？不仅包含“时间性”的永恒的意思，还包含“空间性”的全遍的意思。用“常”字替换“恒”字，就把其中“空间性”的内涵给去掉了，把《老子》思想的精髓弄没了。这是《老子》版本史中的一个重大事件。前面讲过，《老子》关于道的思想与“全方向”是联系在一起的，全遍的意思没了，《老子》思想的精髓也就没了。虽然在1973年就发现马王堆帛书《老子》中用的是“恒”字，但是，由于受以往注释《老子》的思想惯性的影响，人们总还是把这个字解释成“常”。事实上，在马王堆帛书《老子》中、在郭店竹简《老子》中都是“恒”、“常”并见，可见在早期的《老子》版本中，“恒”、“常”的使用是有区别的。我解释《老子》不同于其他人的一个地方就是突出“恒”这个字的“空间性”的意义，所以，我讲的《老子》的道不是“时间性”的“常道”，而是包含“空间性”的“恒道”。

《老子》不好懂，尤其是《老子》中的道，更不好懂，不仅是中国思想史中最难懂的内容，即使在整个世界哲学中也是属于最难懂的一类。所以，对于《老子》中的道，一方面，得慢慢琢磨、领悟；另一方面，也不要着意于把它界定得很明确、解释得很清楚。王弼说："《老子》之文，欲辩而诘者，则失其旨也；欲名而责者，则违其义也。"（《老子指略》）"辩而诘"是刨根问底，"名而责"是责求其名，刨根问底地追究道的内涵，是领悟不了道的。在《老子》里，时常用"渊兮似万物之宗"、"湛兮似或存"（第 4 章），"绵绵若存"（第 6 章），"譬道之在天下也，犹小谷之与江海"（第 32 章）等语句对道作一些"似乎"的比喻，或者用"恍兮惚兮"、"窈兮冥兮"（第 21 章），"寂兮寥兮"（第 25 章），"渊兮"、"湛兮"（第 4 章）等语句对道作一番"诗意"的描述，我们对道的理解和解释也只能是"诗意"的和"似乎"的，难以用严谨的逻辑的言语把它说清楚。维特根斯坦说"对于不能谈的事情就应当沉默"①，沉默固然严谨，但是，也少了谈"不能谈"的意义。东晋僧肇曾说"言虽不能言，然非言无以传"（《肇论·般若无知论》），虽然说"道不可言，言而非也"（《庄子·知北游》），但是，如果不言又无法领悟其不可言的意义，所以还是得言说，

① ［奥］维特根斯坦：《逻辑哲学论》，郭英译，商务印书馆 1962 年版，第 97 页。

在说不可说中悟得其意。从我解释《老子》的角度讲，就是要领悟那“全”的意思，悟得其意，言说尽可舍去，即意得而言忘。

（二）德

我们在前面说过“道”是《老子》思想的根基，“德”是《老子》思想的骨干。因此，要理解《老子》的思想不仅要领悟道，还要理解德。

“德”字在金文中的基本写法是这样的（见图），

由几个部分构成，上面部分是这样的（见图），

也是由几个部分构成。右边是一只眼睛看着一个目标，左边是个“彳”字，“彳”是小步行走的意思。这应该是个“直”字。在甲骨文中没有左边的“彳”字，就是眼睛向前直视，是看得直，加上“彳”字，是行得直。只有看得直，才能行得直。曾经有过实验，让人蒙着眼睛往前走，几乎所有的人都是走不了几步就偏了。睁着眼睛能走直是因为在走的过程中不断地参照目标做调整，看着目标

才能走直。在金文中，有时也用这个字通假“德”字。“德”字下面部分是个“心”字。在中国古代，心是一个起主宰作用的器官，加上“心”字应该是表示心对视和行的主宰，专心地直视目标行走。

前面分析“道”的字形，我们了解了“道”这个字和道路、行走有关系。“德”这个字也和道路、行走有关系。杨子通过道路、行走感悟哲理，老子应该也有这样的感悟，所以用道字、德字都有他的用意。我们来比较一下“道”和“德”这两个字：“道”字像是一个人处在十字路口，保持着全对应，有全的意蕴；“德”字是认准一个方向直视而行，其他方向都隐去了，有偏的意思。道意味着全达，德表示一达，道和德的关系问题也就是全和偏的关系问题。

让我们再来分析“德”这个字。专心地直视目标行走，意味着专心、直视对行走的规范，这样才能走得直。由此引申出，德是按照正直的准则来规范的行为，这样才行得正。照着目标去走才能达到目标，达到目标可以说是行有所得，所以，“德”又和“得”相通。《管子》说“德者，得也。得也者，其谓所得以然也”（《心术上》）。“所得以然”可以理解为一个事物因为它得以存在的诸多因素的遇合而成为这样子。《庄子》说“物得以生谓之德”（《天地》），这儿的“生”是显现的意思——郭象《庄子注》中说“待隐谓之死，待显谓之生”（《田子方注》)——“物得以生”是说物得以显现的原因，诸多因素会聚在某一点就显现为某一物。每一事物显现出来，都有它自己的特性，金、木、水、火、土，马、牛、羊、鸡、狗、猪，士、农、工、商，张三、李四，等等，都有它之所以为它而区别于其他事物的特性，所以，郭象说“德者，得其性者也”(《论语注》)。这样，可以说德就是事物得以存在的诸多因素的会聚，是事物的规定性。

《老子》说：“道生一，一生二，二生三，三生万物。”（第41章，见世传本第42章）这不是说像母亲生孩子似的，道生出个一，一生出个二，二生出个三，三生出万物。如果那样的话，道就有外了，就有对待了。道是独立的（见第25章），没有对待，没有外，所以，这儿的“生”还是显现的意思，道显现为一，显现为二，显现为三，以及显现为万物。一个事物得以“生”的诸多因素在某一点的会聚，实际上是道在某一点的显现，这也就是德。

让我们借用五行说的相生相克图来示意道和德的关系(见图)。

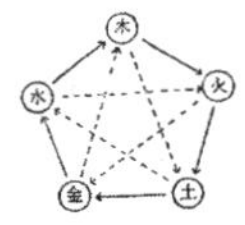

五行说不只是单纯讲五种事物，还讲五种事物之间相生相克的关系。在这个图中，外面的实线表示相生的关

系，木生火、火生土、土生金、金生水、水生木，生生不已；里面的虚线表示相克的关系，木克土、土克水、水克火、火克金、金克木，也是环流不已。我们假设木、火、土、金、水这五种事物以及它们之间的相互关系构成一个全，它在不同的点有不同的显现。在这个点显现出的是土，在那个点显现出的是金，在又一个点显现出的是水、是木、是火，等等。木、火、土、金、水都有各自的德，而它们的背后都是那个全。比如，对于土来说，火生、生金、木克、克水这些因素遇合在一起就是土之德，没有火生、生金、木克、克水这些因素的遇合，也就没有土的显现。对于金、木、水、火也是同样的道理。

我们可以说，每一事物都是道在某一点的显现。比如，我手里拿着一个不锈钢水杯，这个杯子要有生产它的钢铁，要有开采铁矿、提供热能、炼铁炼钢等一系列工作的人和各种设备，各种设备又要有生产它们的人，每个参与其中的人都要吃喝住穿，这又要和很多物很多人发生很多关系，如食品原料和制造食品的人，服装原料和制造服装的人，建筑原料和搞建筑的人，这些人这些物也同样要发生很多很多的各种关系，如此等等，不可胜数。从我的角度讲，我买这个杯子，就得先解决吃喝住穿的问题，就得去找工作挣钱，这些都要和很多人很多物发生很多关系。从历史的角度讲，要有铁矿石的形成，要有形成铁矿石的地球，要有炼铁炼钢的热能，这又涉及太阳系的产生，以及涉及宇宙大爆炸等等。所有参与这些活动的人，都有其父母、父母的父母，可以一直追溯上去，这些人又要与他们那个时代的很多人很多物发生很多关系，如此等等，不可胜数。这样，我们可以看到，在这个杯子的背后有无穷的事物、人物以及无穷的关系，虽然它只是在某一点的显现，但是，它和整个的全发生关系。任何一个事物的出场都有无数的不在场者支撑它，任何一种德都是无数的不在场者的会聚。前面引用过裴頠说的“总混群本，宗极之道”，如果我们把这个“宗极”之道称为“太极”的话，那么我们可以借用朱熹的话来说，“人人有一太极，物物有一太极”（《朱子语类》卷九十四），每一人每一物都是那个“宗极之道”在某一点的显现。不过，朱熹讲的“太极”是“总天地万物之理”，我们在这儿说的“太极”是“总混群本”的“宗极之道”。

《老子》第38章中说“失道而后德”。《老子》这儿讲的“失”只是一种对显和隐的直观，不是说道真的有失，对道来说没有失，“道则无遗”嘛。显和隐是相应的，其他的方面都隐去了，只显现一点，看起来好像是道的缺失，所以说“失道而后德”。比如，金、木、水、火及其各种生克关系都隐去，只显出土这个会聚点，就呈现为土之德。同样而有金之德、木之德、水之德、火之德的显现。

本来木、火、土、金、水是纠缠在一起的，但是，如果它们分别呈现各自的会聚点的话，就显现成木、火、土、金、水五个分散点。因此，《文子》说“道散而为德”（《精诚》）。“失道而后德”是从隐和显的过程讲道和德的关系，“道散而为德”是从聚和散的状态讲道和德的关系。

虽然每一个事物都是那“宗极之道”在某一点的显现，但是，不同的事物又表现出不同的样子，正如木、火、土、金、水都是那个全在某一点的显现，却又各有自己的特征。所以，《文子》说“德将为汝容，道将为汝居”（《道原》）。德给予事物“容貌”，道给予事物“居所”。既不能只看到显和散的“容貌”而忽视隐和聚的“背景”，也不能因为都是那“宗极之道”的显现而抹除“容貌”的差异。

《老子》说：“道生之而德畜之，物形之而势成之。是以万物尊道而贵德。”（第51章）

“道生之”的“生”还是显的意思。在《老子》中，凡是涉及道的“生”都是显的意思，因为道没有外、没有对待。每一事物都是道在某一点的显现，是无数不在场者的会聚，这就是“道生之”。

事物的显现也可以说是道的所“现”之“象”，或者说就是那“容貌”，一旦事物得以存在的诸多因素的会聚发生变化，它的“容貌”也会变化，只有保持一事物的规定性，才能维持一事物的“容貌”，这叫作“德畜之”。

“畜”是养的意思，是德养育着、养护着那所“现”之“象”。一个杯子是无数不在场者的一个会聚点，这是“道生之”；那么，只有这个杯子得以生的条件、所得以然的规定性没有发生变化，这个杯子的“容貌”才能持续，这是“德畜之”。

我们来借用太极八卦图来分析这个问题（见图）。

图的中间是常见的太极图，周围的八卦标示太极在这点的显现，不是说在太极之外别有八卦，太极无外。这是“道生之”。图中的方向是上南下北左东右西，乾南坤北，离东坎西，兑东南，震东北，巽西南，艮西北。我们可以看到，只要阴阳的比例、结构等稍微发生变化，那么所显现出的卦象就变了；只有阴阳的比例、结构等不变，所“现”之“象”才能不变，这是“德畜之”。《文子》中讲“道以存生，德以安形”（《自然》），也是这个意思，安形就是稳住那所“现”之“象”。

我们再来分析“物形之”。

物指各类的物。形有形象、容貌的意思，也有显现的意思，比如说喜形于色。“道生之”是从道的角度讲显现，“物形之”是从物的角度讲显现。乾、兑、离、震、巽、坎、艮、坤各显其形象，就是“物形之”。《易传》

讲“形而上者谓之道，形而下者谓之器”（《系辞上》），其“形”即“物形之”的“形”。“形而上”指隐去众物形迹的浑朴状态，“形而下”指众物分别显现形容。《老子》说“朴散则为器”（第28章），“散”在这儿即指分别显现。众物分别显现形容并不是和浑朴的分离，所以《老子》又说“大制无割”（第28章），“制”是裁割的意思，虽然朴散为器，但是，众器并不各自分离。

什么是“势成之”呢？

我们先来分析裴頠《崇有论》里的这段话：“夫总混群本，宗极之道也；方以族异，庶类之品也……夫品而为族，则所禀者偏；偏无自足，故凭乎外资……有之所须，所谓资也；资有攸合，所谓宜也；择乎厥宜，所谓情也。”

“总混群本，宗极之道也”这句话我们前面已经讲到过。《老子》第25章中说“有𤕤混成”，讲“字之曰道”的那个东西有“混成”之象。“𤕤”字也许还可以解释成“大”，这样，“字之曰道”的那个东西就是个大“混成”，所以在后面说“强为之名曰大”。通玄先生《道体论》中讲“混无别混，即物为混”，这大“混成”是“群本”即所有的事物之“总混”，而不是在“混成”之外别有“群本”，“总混”无外。

“方以族异，庶类之品也”。方、族、类、品都是种类的意思。这是说，在那“群本”的“总混”中有很多很多不同的种类。金、木、水、火、土，乾、兑、离、震、巽、坎、艮、坤，各有不同于其他类的特点，这就是“方以族异”。有多少不同的种类呢？有很多很多以至于无穷，因此说“庶类之品”。正是由于事物之间的差异，才形成很多种类。

“品而为族，则所禀者偏”。事物之间的差异是由于事物的秉承不同导致的，由于事物的秉承不同，所以有了事物的不同特性。我手中的这个金属杯子和桌子上的那个玻璃杯子虽然都是道在某一个点的显现，但是，由于它们所会聚的无数不在场者的关系不同，因此成为两个各有特性的杯子。金、木、水、火、土虽然都是它们之间相生、相克关系的会聚，但是，由于关系不同，所以成为不同的会聚点。木克、火生、生金、克水会聚成土，火克、土生、生水、克木会聚成金，等等，这就是“所禀者偏”。没有“所禀者偏”也就没有事物之间的差异，就没有各种德。

“偏无自足，故凭乎外资”。由于每一事物都是一个偏，所以每一事物都不能自足地存在。没有木、火、金、水以及木克、火生、生金、克水这些关系的会聚就没有土，木、火、金、水以及木克、火生、生金、克水这些关系就是土的外资；没有火、土、水、木以及火克、土生、生水、克木这些关系的会聚就没有金，火、土、水、木以及火克、土生、生水、克木这些关系就是金的外资，如此等等。这就叫“偏无自足，故凭乎外资”。由于“凭乎外资”，各种表面分散的事物被贯通在一起。

“有之所须，所谓资也”。这儿的“有”也就是显现出来的事物。由于每一事物的存在都要有显和隐两方面，所以《老子》中讲“天下之物生于有、生于无”（第 41 章）。这句话在世传本《老子》的第 40 章中，讲“天下万物生于有，有生于无”，王弼在注解这句话时说“天下之物，皆以有为生，有之所始，以无为本”，对后世影响很大。但是，如果这样的话，就把无和有的关系变成生成关系了，与《老子》中“有无之相生”（第 2 章）和道“独立而不改”（第 25 章）的说法不合。在郭店竹简《老子》中是“天下之物生于有、生于无”。其实，《老子》中的有和无的问题就是显和隐的问题。每一事物显现的背后都有很多依赖的条件，这就是所须，也就是资。

“资有攸合，所谓宜也”。每一事物的显现与它所依赖的“资”总是合宜的，木、火、金、水以及木克、火生、生金、克水这些关系的会聚只能显现为土，不能显现为别的，土也只能显现木、火、金、水以及木克、火生、生金、克水这些关系，不能显现别的，这就叫“资有攸合，所谓宜也”，在《老子》中叫作“当其无有”（第 11 章）。

“择乎厥宜，所谓情也”。在前面曾借用朱熹的话说“人人有一太极，物物有一太极”，每一人每一物都关联着那个“宗极之道”，但是，每一人每一物又是以不同的方式关联“宗极之道”，与每一人每一物所合宜的“资”都是一系列的“择乎厥宜”的遇合。生产一个杯子要有原材料，是用这一点原料还是其他的，这其中就有“择乎厥宜”；要有生产杯子的工人，是这个或者这一组工人还是其他的工人，这其中也有“择乎厥宜”。生产杯子的工人要穿衣服，是这一件还是另一件；制作衣服的面料是这一块还是另外一块；面料所用的原料是这个地方的还是其他地方的；生产杯子的工人必然有父母，其父母当初是选择这个人为偶还是其他人；等等等等都有一个“择乎厥宜”。这一系列的“择乎厥宜”也就是事物显现的情势，其中任何一个“择”发生变化，其情势也就不一样了。事物通过这一系列的“择乎厥宜”而显现，也可以说就是“势成之”。

这样，形和势的关系表现为，形因势而形，势因形成势，形和势纠缠在一起，可以说是“形势相资”。存在主义哲学讨论存在者和存在的问题，类于形和势的问题。

“道生之而德畜之”与“物形之而势成之”是从不同的角度说同一回事儿，“道生之而德畜之”是从全到偏讲，“物形之而势成之”是从偏到全讲，都是说事物的存在离不开全和偏两个方面。

因为每一事物都要有道和德这两方面才能够存在，所以《老子》说“万物尊道而贵德”。德是事物的“容貌”，道是事物的“居所”，不管什么事物都是这样的，所以，任何事物都“尊道而贵德”。道意味着全，德则是偏，所以，也可以说任何事物都要尊全而贵偏。尊道、尊全是尊重那个“居所”，尊重那个“势成之”。金、木、水、火、土每一个都要在与其他事物的相互作用中存在，都要在那个全中存在。贵德、贵偏是珍视事物各自的“容貌”，珍视一事物与其他事物的差别。如果使金、木、水、火、土每一个都把其他四个的德叠加上去，那也就没有金、木、水、火、土了。只“贵德”而不“尊道”，不能显示万物的相通性；只“尊道”而不“贵德”，不能显示道的丰富性。所以，要道、德并重。

尊道、贵德都是从物的角度讲的，不是从道的角度讲的，所以说“万物尊道而贵德”。《庄子》说“以道观之，物无贵贱；以物观之，自贵而相贱”（《秋水》）。由于每一事物都是道在某一点的显现，所以，从道的角度讲，都无所谓贵贱。金、木、水、火、土，哪个贵哪个贱？都无所谓贵贱。同样，由于每一事物都是道在某一点的显现，所以，从物的角度讲，都只能在自己这一点尊道、贵德。金、木、水、火、土都各有自己的角度，而道只是个一，所以，虽然每一事物都是从自己的角度尊道，但是万物所尊之道没有不同，金、木、水、火、土都是尊的那个全。贵德就不一样了，虽然每一事物都关联着那个全，但是，每一事物都只能从自己一偏的角度贵德，不能从其他事物的角度贵德，所以每一事物所贵之德也就会不同。金所贵的只能是金之德，木所贵的只能是木之德，如此等等，只要是以物观之，就只能是自贵其德。

前些年费孝通先生讲过“各美其美，美人之美，美美与共，天下大同”，这几句话常被人们提起，但是，其道理是难以成立的。人都可以从自己的角度各美其美，但是要美人之美、美美与共就不容易了。张三和李四各美其美，又都美对方之美，但是，张三是从张三的角度美李四之美，是张三所美的李四之美，与李四所美的李四之美并不一定相同；李四是从李四的角度美张三之美，是李四所美的张三之美，与张三所美的张三之美也是不一定相同。所以，表面上看是美人之美，但是，根子上还是各美其美，因为在张三和李四的背后都有自己的那个“势成之”的“势”。所以，很难说张三和李四都各美其美又都美对方之美，就美美与共了，二者就都是张三之美与李四之美的并集而大同了。退一步讲，即使张三和李四通过并集（或者通过交集，即所谓求同存异）形成既不同于张三之美又不同于李四之美的“张三之美∪李四之美”（或者“张三之美∩李四之美”），如果美这个美，也还是各美其美，只不过是由两个各美其美增加成三个以至于 N 个各美其美而已。

所以，以物观之只能自贵，不能不自贵，否则也就谈不上自己的“观”了。但是，以物观之不必非得相贱。无论张三还是李四，都只能从自己的角度观之，无法从对方的角度观之，所以，也就没有根据否定从对方的角度所进行的观之。因此，以物观之要避免相贱，在坚持自己角度的观之的同时，承认其他角度的观之存在的权利。文明的冲突不是因为自贵，而是因为相贱，不相贱才能避免冲突。执持不同主张的各方如果交往，可以通过调“和”来作为新的自贵之德，如果不能调出“和”来，那也可以“不相为谋”，不必相贱！调“和”有别于“同于大同”，“和”重视“多”，“同”强调“一”。据说费孝通先生后来将“同于大同”改为“和而不同”，但是，这样就与前面的“美人之美”矛盾了。

这样的话，我们可以套用《庄子》中“自贵而相贱”那句话，说“自贵而不相贱”。一方面，以物观之只能自贵，不能不自贵，包括主张“不自贵”也是自贵；另一方面，由于有以道观之的“背景”，所以，以物观之可以不相贱。程颢说：“已见天如此大，不为井所拘，却入井中也不害。”（《宋元学案》卷十三）同样，如果知道在自己之观之外还有他人之观，不被自己之观所拘，那么，坚持自贵也不害。

这样，万物贵德才既是“偏”面的，又是“全”面的。“偏”面就自贵讲，“全”面就不相贱讲。万物贵德不同于贵万物德，万物贵德是所有角度的“全”面的自贵，贵万物德是某一角度的“偏”面的自贵，尽管其所贵的是全。

（三）玄德

《老子》的中心思想是偏和全的关系问题。前面我们先讲了道，讨论了全的问题，又讲了德，讨论了偏的问题，道意味着全、无限，德则是偏、有限。那么，怎么样来面对有限和无限的矛盾、处理偏和全的关系问题呢？下面我们通过讲玄德来讨论这个问题。

前面讲过，每一事物都是道在某一点的显现，事物得以存在的诸多因素在某一点的会聚就是德，每一事物都由无数不在场者在后面托着，这个我们可以通过五行图去想象，金、木、水、火、土，各有各的德。裴頠说，“夫品而为族，则所禀者偏；偏无自足，故凭乎外资”，具体事物的德都是有限的，都是“偏无自足”，都要“凭乎外资”，都要依赖他物存在，就这一点来说，人类和其他类事物没有什么区别。

但是，人和其他事物有一个很大的不同，那就是，其他事物的德是有“限”的，同时是被“限”所定的，即都按照既定的德生存，比如，猪就按照猪的既定之德生存，狗就按照狗的既定之德生存，对猪和狗来说，有限就有限了，不会去想着改变对自己的限定，或者我们说，人没有发现猪和狗改变对自己的限定。而人呢？虽然人之德也是有“限”的，但是，人不安于被“限”所定，不安于其所是的状况，总想消除限定，改变其所是，成为其所不是。这是只有人才具有的一种躁动，这种躁动体现了人的实存有限与向往无限之间的矛盾。因此，在人这儿，就有了很多诸如创造、创新、发展、进步、改变、改造、超越等这样的词。讲创造未来、改造世界、改变现状、持续发展、不断进步、超越自我，等等。猪不会讲发展，狗也不会谈进步。可以说，在人之德中包含着将其德大起来的因素。

需要说明的是，这种因素是在人的演化过程中诸多遇合的作用下越来越成了人之德的因素，而且这种因素仍然具有变化的敞开性，并非是对人说来自始至终都不变的因素。

《老子》说：“孔德之容，唯道是从。”（第21章）这儿的“孔”是大的意思，“唯道是从”也就是效法道。“孔德之容，唯道是从”的意思就是通过效法道把德大起来，使之具有道的样子。

怎样通过“唯道是从”把德大起来呢？

前面讲了道意味着无限。无限有两种既相关又有区别的含义：一种是状态的无限，如无边无际、无所不备等，这可以表述为“无限”。一种是过程的无限，如无拘无束、无所不可等，这可以表述为无“限”。“孔德之容，唯道是从”，是从“无限”呢，还是从无“限”？二者的区别便是《老子》所谓“下德”与“上德”的区别。

《老子》说：“上德不德，是以有德；下德不失德，是以无德。”（第38章）在这儿，“不德”指不持守其德，“不失德”指不失去其德；“有德”可以理解为得以把德大起来，“无德”可以理解为不能够把德大起来。下德所从的是“无限”，它企图通过不断地叠加各种德来实现“无限”，只“得”不“失”。但是，无论怎样叠加，都不可能通过增加有限的阶梯达到“无限”，人之德永远都只能是有限。上德不从“无限”，而是从无“限”，所以它不持守其德，而是不断地应和各种境遇，在“同于德（得）”、“同于失”（第23章）的过程中展现自己的无“限”。

我们来看一下曹雪芹在《红楼梦》第五回里面写的贾宝玉游太虚幻境的事儿。在这一回中，警幻仙子带着贾宝玉游太虚幻境，让贾宝玉看金陵美女的册子，听“红楼梦”曲子，品“千红一窟”茶，喝“万艳同杯”酒，然后还说要让贾宝玉领略男女之事。警幻仙子给贾宝玉介绍了一个姑娘，贾宝玉一看这姑娘，鲜艳妩媚有似宝钗，风流袅娜又如黛玉，非常高兴。在现实中，贾宝玉喜欢林黛玉风流袅娜的气质，也喜欢薛宝钗鲜艳妩媚的形态，但是，在现实中这两个女子的美是分开的，现在好了，这两个女子的美合在一起了。警幻仙子给贾宝玉介绍说，这姑娘是她的一个妹妹，乳名兼美，字可卿。我们来看“兼美”这个名儿。兼美就是把美兼有了，林黛玉的风流袅娜、薛宝钗的鲜艳妩媚都有了。甚至我们还可以进一步叠加，把大观园中所有姑娘的美都叠加上来。这可以说就是下德的思路。但是，“能两美者，天下无之”（《文子·符言》），所以，曹雪芹把兼美放在太虚幻境，认为兼美只在梦幻中，不在现实中，在梦幻中让林黛玉的风流袅娜和薛宝钗的鲜艳妩媚结合在一起。

上德不是这种思路。在《艺文类聚》中记载着一则笑话：说齐国一户人家有个姑娘，有两家来提婚。东边一家，小伙子长得丑，可是家境富裕；西边一家，小伙子长得帅，可是家境不富。姑娘的父母犹豫不决，便问姑娘自己愿意哪家，如果不好意思说出口，就举手示意，愿意哪家就举偏向哪家的手，结果姑娘举了两只手。父母很奇怪，问姑娘为什么举两只手呢？姑娘回答说，我想在东家吃饭，在西家过夜。这叫作“东食西宿”。当然，这只是这姑娘的一厢情愿，人家东西两家大概不会愿意，西家可能还好说些，东家那小伙子肯定不会愿意。而且，还有个社会规范和秩序的问题。我们现在暂时先把东西两家愿不愿意的问题搁置起来，先把社会规范和秩序的问题搁置起来，这样的话，可以说这个姑娘有上德的思路。

我们在前面讲过，人不能同时走向四面八方，所以杨子见逵路而哭；人也不能同时求得全部的美，所以曹雪芹把“兼美”放在太虚幻境。而对于“东食西宿”中的这个姑娘来说，她想的是不同时。我不能同时走向东并且西并且南并且北，但是，我可以不同时走向东或者西或者南或者北；我不能同时求得富并且帅，但是，我可以不同时求得富或者帅。“并且”要求同时，“或者”不要求同时。下德是“并且”的思路，上德是“或者”的思路。

这样的德，《老子》又称之为玄德。《老子》说：“生而弗有也，为而弗恃也，长而弗宰也。此之谓玄德。”（第51章）弗有、弗恃、弗宰都是讲不执持。

前面说“道”字、“德”字都和道路、行走有关系。“道”字像是一个人处在十字路口，保持着全对应，意味着全方向；“德”字是认准一个方向直视而行，其他方向都隐去了，表示的是偏。那么玄德呢？我们先来分析“玄”字。

“玄”字有很多写法，比如，写成这样（见图），

我们看到，“玄”字的这种写法其实包含着全部方向。道意味着全方向，德只是走向一个方向，走向一个方向就成了一偏。玄德呢？它虽然也总是一偏，也总是向着一个方向而行，不能同时走向所有方向。但是，它不受一偏的限制，不受一个方向的局限，它可以不同时地走向任何方向，任何方向都向它敞开着。就此而言，玄德也有了全方

向的意义，成为可能向度意义上的全。

比如，在一个小城中，东街有饭店，西街有医院，南街有超市，北街有剧场。那么，我肚子饿了就到东街的饭店去吃饭，吃得肚子不舒服了就到西街的医院去看病，这就行了。当然，如果饭店的东边也有医院，我也可以继续向前走，但是，并非必须要沿着一个方向一直向前走，当肚子不舒服时，我是要走向有医院的方向，哪个方向有医院就向哪个方向走。如果不同的方向分布着好几个医院，我还可以根据具体情况——比如病症的缓急、轻重等等——做些选择，比如医院的距离、医术水平等等。需要向东就向东，需要向西就向西，需要向南就向南，需要向北就向北，这就是应当（yìng dàng），而不是应当（yīng dāng）。应当（yīng dāng）是一直向着设定的目标走，不断地接近设定的目标，应当（yìng dàng）是不断地应和境遇而得其当。当然，无论吃饭还是看病，也都有一个接近目标的问题，但是，就应当（yìng dàng）来说，所应对的境遇发生了变化，原来的目标也就没有意义了。比如，如果没有疾病，那么医院的目标就没有意义。

玄德和通常的德不一样，通常的德受“限”所定，看重“是什么”；玄德则不受“限”所定，看重“怎么样”。前面讲过，每一事物都是道在某一点的显现，显现出的事物都有各自的特性。在显现的层面上所形成的概念性思维，通常会对各种事物有所界定，比如，说钉耙是用铁钉做齿、平整土地的耙子，如果我们总按着这界定和钉耙打交道，那么就被限定了。对于玄德来说，它是在具体的处境中和钉耙打交道，比如，在猪八戒那儿，钉耙就不是平整土地的农具，而是一种兵器，猪八戒没有受什么“农具”、“兵器”概念的限定，而是看重在具体活动中怎样用得顺手。这样，就使钉耙的德也敞开了。玄德也可以说是让各种德“玄”起来，既使自己的德敞开，也使与自己打交道的各种事物的德敞开，不是在“是什么”的界定中去“怎么样”，而是在“怎么样”的过程中生成“是什么”。

《老子》说“含德之厚者，比于赤子”（第 55 章），其中隐含的一个意思，就是赤子具有丰富的敞开性和可能性，所以最有潜力。因此，《老子》非常推崇婴儿，讲要“复归于婴儿”（第 28 章）。可以说，在儿童的活动中经常能表现出一些玄德的特征。比如，在儿童的游戏中，玩具是境遇性的，不是概念性的，儿童不受“玩具”概念的限定，对儿童来说，玩具厂生产的“玩具”未必比自己境遇性的玩具更有意趣，所以儿童游戏中的玩具往往不是按着成人设计的“玩具”去做。李白在《长干行》中说“郎骑竹马来，绕床弄青梅”，小男孩骑着竹棍绕着床跑，竹棍就是他的马。杨万里的《稚子弄冰》诗说：“稚子金盆脱晓冰，彩丝穿取当银钲。敲成玉磬穿林响，忽作玻璃碎地声。”小孩儿将冰当锣敲，充满想象力和创意，童趣盎然。

英国诗人阿・亚・米尔恩有一首儿童诗，叫《春天的早晨》，其中的描写很能体现儿童的玄德特征。诗中说："去到啥地方？我可说不上……啥地方，都一样，我可没主张……假如你是只小鸟，栖在高枝上，你就靠着吹来的风儿去飞翔，风儿带你走，你对风儿讲：那就是今儿我想去的好地方。……"一个小孩儿早晨醒来，想着今天去哪儿玩儿，"去到啥地方？"这说明不是只有一个可去玩儿的地方，去了这儿就不能去那儿了，所以要选择。小孩儿拿不定主意，所以说"我可说不上"。"啥地方，都一样，我可没主张"，"都一样"可以理解为没有一个优先的价值选择，哪儿都想去，这才造成了"没主张"。这个时候就出现类似杨子的忧虑了，杨子见逵路而哭就是因为没主张。但是，这小孩儿没有哭，他转念一想，干脆不选了，就让风吹着我走吧。我们前面讲过《庄子》中的那个田子方又叫无择，这个小孩儿现在就是无择（当然，是选择无择），不选择了，而是像小鸟儿那样"靠着吹来的风儿去飞翔"，用《庄子》中的话讲，这叫"放（fǎng）风而动"（《天运》），即依着风吹而动。风把我吹到哪儿我就上哪儿玩儿，哪儿就是我今天想去的好地方。这可以说是把玄德的道理都说透了。所以，在这个小孩儿这儿，我们可以看到有非常浓的玄德的色彩，也可以说是"含德之厚"。小孩儿都是潜在的哲人，只是在后来的成长过程中被各种各样的东西把哲人的潜质消磨掉了，所以《老子》讲要“复归于婴儿”。

金代赵秉文追和苏东坡《念奴娇·赤壁怀古》词中有“一叶扁舟波万顷，四顾粘天无壁”的句子。“波万顷”就是水面很大。大到什么程度呢？大到“四顾粘天无壁”。往四周看，水的边儿和天的边儿都粘连在一起了，什么参照都没有，茫茫一片。在这么大的水面上只有一只小船，那这只小船的去处就成为船上的人需要正视的问题了。佛教里有句话，说“苦海无边，回头是岸”，在无边无际的水面上，一看前面看不到边，就想着往回走去找岸了。但是，人不是从一个岸上出发走到“苦海”里边的，人是被抛到茫茫“苦海”中的，前方没有边，回头也没有岸，“欲棹小舟寻旧事，无处问，水连天”（苏轼：《江城子·翠蛾羞黛怯人看》）。这样，一叶扁舟向何处去就是个很严重的问题了，比杨子见逵路的形势还要严重。《诗·小雅·小弁》中说“譬彼舟流，不知所届，心之忧矣，不遑假寐”。这一段诗可以看作是描写处在“一叶扁舟波万顷”时人们的心态。人的一生就像是万顷波涛中的一叶扁舟，面对那么大的世界，那么复杂的社会，那么多的方向，那么多不可捉摸的前景，真不知道该往哪儿去。“不知所届”就是说不知道人生这一叶扁舟要到哪儿去。在这种形势下就会非常非常地担忧。担忧到什么程度呢？担忧到连打盹的工夫都没有，“心之忧矣，不遑假寐”。“不遑”就是没有空闲，“假寐”就是打盹，担忧得没空打盹，一直在想这一生应该怎么走。怎么走呢？前面讲那个小孩儿在面临难以选择的情况时就选择不选了，“靠着吹来的风儿去飞翔”，用到人生，就是境遇把我推到哪儿，我就在哪儿好好地品味我的人生。苏东坡就是这样的态度。苏东坡在《赤壁赋》里讲：“纵一苇之所如，凌万顷之茫然。浩浩乎如冯虚御风，而不知其所止，飘飘乎如遗世独立，羽化而登仙。”“纵一苇之所如，凌万顷之茫然”和赵秉文“一叶扁舟波万顷，四顾粘天无壁”所描绘的景象给人的感受是一样的。面对这样一种形势，如果是杨子的话，那反应会是哭，而苏东坡的反应是不选择，“冯虚御风”就是“靠着吹来的风儿去飞翔”，“不知其所止”是说不知道到什么地方，走到哪儿，哪儿就是今儿我想去的好地方。按神照本如法师的说法，这叫作“处处逢归路，头头达故乡”（《五灯会元》卷六）。德国诗人歌德在一首诗中说：“我走在树林里，只是走走，并不寻求什么东西，这就是我的目的。”通常在树林里是比较容易迷失方向的，但是，如果没有选定的目标，便不存在迷失方向的问题，也就没有迷失方向的忧虑。人生常常会被各种各样的“目标”束缚住，诸如财富、地位、名誉、爱情、事业、健康，等等等等，就像辛弃疾在一首《贺新郎》中说的，“悟人世正类春蚕，自相缠缚”，如果能像歌德说的那样，只是走走，并不寻求什么东西，那也就不受什么缠缚，也就“处处逢归路，头头达故乡”了。

在苏东坡的作品中还有类似的表述。比如说，“我行本无事，孤舟任斜横。中流自偃仰，适与风相迎”（《与王郎昆仲及儿子迈绕城观荷花登岘山亭晚入飞英寺分韵得月明星稀之二》）。“我行本无事”就是歌德讲的“我走在树林里，只是走走，并不寻求什么东西”。孤舟在水中随着波浪起伏，随着风吹而行，或斜或横，吹到哪儿是哪儿，“适与风相迎”。比如说，“轻舟短棹任斜横，醒后不知何处”（《渔父》）。我在小船上举杯畅饮，全然不管小船怎么行走，喝醉了就睡，醒来后也不知道小船到什么地方了。比如说，“来往一虚舟，聊随物外游”（《菩萨蛮·买田阳羡吾将老》）。虚舟就是船上没有人。我虽然在船上，但是，我要让这船像没有人一样，我不做舵手，不主宰船的方向，只凭风吹着我走，我自己不选择。苦海无边，回头无岸，但是，脚下的一叶扁舟就是岸，这样的话，舟到哪儿岸就在哪儿，即所到皆岸。

在古代诗作中，还有诸如史宗说“浮游一世间，泛若不系舟”（《咏怀诗》），李白说“大海乘虚舟，随波任安流”（《赠僧行融》），白居易说“身心一无系，浩浩如虚舟”（《咏意》）等。这些诗句都在讲玄德的道理。

玄德是《老子》讲的人生修养要达到的境界。面对逵路、面对各种不同的价值、面对得其一而失其余的处境，杨子没有办法，所以哭了。老子也有相同的感受，所以感叹“道可道也，非恒道也”，但是，老子比杨子高明的地方在于老子提出了玄德。具有了玄德的人，他虽然不能全达，即不能同时走向所有方向，不能同时实现全部价值，但是，他能够不被限定于一达，他可以不同时走向任何方向，在应对境遇中展现“玄达”（第 15 章）。如果把德比作点，把道比作无穷的面，那么，玄德的轨迹就好似龙飞凤舞的一条线。

玄德是可能向度意义上的全，要成为可能向度意义上的全，就必须保持敞开性，没有敞开性就没有玄德。《老子》讲无为，就是要保持敞开性。《老子》说“损之又损，以至于无为。无为而无不为”（第 48 章）。“损之又损”就是不断地消除各种既成状态的影响，使得在每一个落脚点都能保持一种“得其环中，以应无穷”的初始状态，不为任何一个方向所限定，这样才能“无为而无不为”。这就像一面镜子那样，“随感而应，无物不照”（王阳明：《传习录》上），有东西进入镜面就照见形象，所照的东西离开，镜面上不留任何痕迹，不是像感光胶片似的，一感光就把影像留在上面。这样才能不断地去照进入镜面的东西。《庄子》说：“至人之用心若镜，不将不迎，应而不藏。”（《应帝王》）“迎”是迎接，“将”是送行，镜子对所照的东西不迎不送，就在那儿等待着，东西来了就照，东西去了则保持原样，既不占有过去——要在镜面上留下些什么，也不执着未来——要谋划着照个什么，总是处于一种应和当下的状态。“随感而应”是无为，“无物不照”是无不为。无不为就是没有什么不可为的，就是具有敞开性。

当然，不管做什么都还有个恰当、适度的问题，如孔子说的君子在天下，没有非如此不可，也没有绝对不行，只是“义之与比”（见《论语·里仁》）。“义”在这儿就是恰当、适度的意思，“义之与比”即以恰当、适度为准。儒家也讲应当（yìng dàng），朱熹讲“泛应曲当”（《朱子语类》卷十三），“泛应”指“应”的敞开性，“曲当”指“当”的具体性。相比较而言，道家偏重些应（yìng），儒家偏重些当（dàng）。我们现在先把当（dàng）的问题搁置起来，先来讨论应（yìng）的问题。如果总是执持这个目标、那个方向，就难以有敞开性，难以有应对的灵活性，所以《老子》说要“无为而无不为”，这样才能成为玄德，才能实现玄达。

需要注意的是，无不为不是说什么都要为，如果那样的话就成了全为了，无不为是说没什么不可为。没什么不可为和什么都要为的意思大不相同，什么都要为是执意，没什么不可为是敞开，所以，《老子》说“无为而无不为”，而不说无为而全为。

我们前面讲了道，道意味着全、无限；又讲了德，德是偏、有限。就实存的有限性来说，人和其他事物没有区别。但是，一方面人的实存有限，另一方面人总不想被限所定，总希望没有限，这是人和其他存在物不同的地方，也是哲学产生的重要根源。正是人的实存有限和希望无限的矛盾，引出了《老子》的无为之论。在《老子》看来，人作为有限的存在，永远不可能实现生存状态的“无限”，不可能把所有的德都叠加在一起而成为全聚德，但是，人可以通过“无为而无不为”，在生存过程中实现无“限”。这样，虽然人的德还是有限的，但是，可以不被“限”所定，而成为无“限”的玄德。玄德是处在道和德之间的，一方面，由于“德”的意义，玄德具有德的特征，总是有限的。另一方面，由于“玄”的意义，玄德又有了一些道的特征，比如，道没有确定性，玄德也可以消除德的确定性；道没有限定，玄德也可以无掉德的限定；道无所不备，玄德则可以无所不可。这样，具有玄德的人就成为一种无“限”的存在了。

《庄子》说“知天之所为，知人之所为”（《大宗师》），人要知道自己所为——知、言、行——的界限。通过前面的分析，使我们知道，人不可能聚有全德，做不到全达，但是，人通过修行，可以具有玄德，可以做到玄达，成为可能向度意义上的全。由此推衍，也可以说，人不能全知、全言、全行，但是人能够不限于某一偏知、偏言、偏行，而做到玄知、玄言、玄行。

三、如何实现无为

玄德是《老子》讲的人生修养要达到的境界，要实现这个境界，就需要有功夫。中国文化不管是儒家还是道家，虽然一方面强调境界，但是，重点都放在功夫上。没有功夫，境界就是空的。苏东坡曾经讲文与可教他怎样画竹子，他虽然也能明白其道理，但是，就是心手不相应，画不来。苏东坡说这是“不学之过”，并进而说：“凡有见于中而操之不熟者，平居自视了然，而临事忽焉丧之，岂独竹乎?”(《文与可画筼筜谷偃竹记》)所以，不只要有境界，更得有功夫。如何实现无为这个问题就涉及实现玄德境界的功夫。

实现无为，这样的提法在表面上看好像是自相矛盾的，不是说无为吗，怎么又讲实现无为呢？讲实现无为不就成了有为了吗？但是，如果我们明白了道家的无为并不是无所事事，而是随应而为，那么就知道这样的提法并不矛盾。

《老子》说："吾言甚易知也，甚易行也。而人莫之能知也，莫之能行也。"（第 70 章）《老子》和道家的无为，不设定目标，不谋划方案，只是在那儿等待着，感而应、迫而动，看起来的确简单易行。但是，由于人们在有为的意向的惯性中停不下来，所以，莫之能知，莫之能行。实现无为其实比实现有为要难得多。《庄子·知北游》中在引用《老子》"损之又损之，以至于无为，无为而无不为也"这句话之后说，"今已为物也，欲复归根，不亦难乎"，这也可以理解为，由有为复归无为很不容易。很多人一看到道家讲无为、讲复归，就说那人干脆退回到动物世界好了，好像退很容易。没那事儿！当人从动物世界走到现在，要退到"人的动物化"，比进到"人的机器化"难多了。即使在《老子》的时代，"退"也要比"进"难得多。《老子》讲"复归于朴"（第 28 章），《庄子》也说"雕琢复朴"（《应帝王》），明末清初的孙枝蔚有两句诗说"混沌一以凿，几客返其淳？"（《饮酒和陶韵之二十》）无为？复归于朴？没那么容易！

（一）应、虚、静

前面我们讲了道意味着全，任何具体事物相对于道来说都是一偏，偏就是有限、就不自足，因此它的存在就要借助于外部的东西来支撑。这也就是前面讲过的裴頠那段话的意思——总混群本，宗极之道；方以族异，庶类之品；品而为族，所禀者偏；偏无自足，凭乎外资。任何事物都是这样的，只不过其他事物没有自觉到被限所定，没有不受限定的意向，而人自觉到了被限所定，并且有不受限定的意向。按着前面解释的《老子》的思路，只有成为玄德，才能不被限所定；而要成为玄德，就要保持敞开性，保持“应无穷”的态势，保持应对的灵活性。

《管子》中讲“应也者，非吾所设”（《心术上》），讲“勿创勿作，时至而随”（《桓公问》）。“非吾所设”是说，不是我设定一个应当（yīng dāng），然后向着那个应当去走。创和作就是设。“时至而随”是说，随着境遇的变化而做应对。中国传统文化讲应变，不主张刻意地求变。应变是对旁边之境遇的应和，求变是对前面之设定的追求。曹植说“干时求进者，道家之明忌也”（《求自试表》），“干时求进”就是不顾境遇的变化，一味地追求进、进、进。

《老子》说“吾不敢为主而为客”（第69章），为主是设，为客是应，之所以不敢为主，是因为我不能保证我的所设、我的所创所作将会对以后以及以后的以后产生什么样的影响。人的能力太有限了，不足以把握复杂的变化因素的影响，今天的“功业”对明天而言或许就是“过失”，开始的“求福”对结局而言或许就是“取祸”。所以，为了防止过失，需要节制功业；为了避免取祸，需要休止求福。《庄子·天下》在讲到老子时说“人皆求福，己独曲全”，“曲”有弯的意思，也有偏的意思，“曲全”即因曲而全，由于不执一偏而成为可能向度意义上的全，这也就是前面讲的玄德。“曲全”为的是“苟免于咎”，即勉强地避免灾祸和过失。《文子》说“患祸之所由来，万万无方，圣人深居以避患，静默以待时”（《微明》）。这是说，祸患的产生没有什么定法定式，难以预先规避，所以，首先要尽量避免与外界接触，因为与外界接触越多，产生祸患的概率越大。不与外界接触只是减小了产生祸患的概率，并没有完全避免祸患，所以，还得少动少言，随机应变，等待着应对祸患的产生。所以要为客而不为主。

应，首先是要不为先。《老子》说：“我有三宝，持而宝之。一曰慈，二曰俭，三曰不敢为天下先。”（第 67 章）《老子》把“不敢为天下先”当作三宝之一，认为“不敢为天下先，故能成器长”。“成器长”就是在应和境遇的活动中展现器物之用，像前面讲的猪八戒在他的活动中展现钉耙之用，就是“成器长”。如果先规定器物的功用，然后总是按规定去使用器物，就失去了应对的灵活性，被器物所役使。不仅是器物，所有的事物对人来说，都是这样的关系。《庄子》中讲“物物而不物于物”（《山木》），“物物”是“成器长”，“物于物”是被事物主宰，被器物役使。

《庄子·天下》说老子是“人皆取先，己独取后”，说关尹是“未尝先人，而常随人”。先，是挑战的一方，是主；后，是应战的一方，是客。《老子》及道家讲求的是后发制人，等着对方出招，然后应招，不先发制人，这就叫“取后”。这个观点在《淮南子》中有很多发挥，比如，说“常后而不先，常应而不唱……无去无就，中立其所”，“不为物先倡，事来而制，物至而应”（《诠言训》）；说“虚无因循，常后而不先”（《主术训》）；说“因循应变，常后而不先”，“与万物回周旋转，不为先唱，感而应之”，“先唱者穷之路也，后动者达之原也”（《原道训》）；等等。

“无去无就，中立其所”。“去”是离开，“就”是靠近，对任何事物，我都不刻意地离开，也不刻意地靠近，无论事情变化到哪一步，我都保持一个应对的敞开性。虽然我在不断地移动，但是，总保持着“得其环中”的态势，这就叫作“中立其所”。“唱”即“倡”，带头、发动。“常应而不唱”即不带头、不发动，只是应对事物的变化，即“事来而制，物至而应”。

“虚无因循”。“虚无”是没有先入为主的想法，“因”是根据，“循”是顺着。中国文化非常重视这个“因”字，如因时制宜、因地制宜、因人制宜、因事制宜、因势制宜等，可以概括为因 X 制宜。因是应（yìng），宜是当（dàng），还是那个应当（yìng dàng）问题。不是设定应当（yīng dāng），设定应当（yīng dāng）是唱、是先。《说苑》讲“所以贵虚无者，得以应变合时也”（《谈丛》），“应变合时”即应当（yìng dàng）。

“与万物回周旋转”。这就像太极推手，与各种各样的事物、人物，包括与自然界进行太极推手，把自己脚跟站稳，“正以待天，静以须人”（马王堆帛书《十大经》），根据对方的变化作出自己的反应，力求不败，不求取胜。现代人对自己的能力过于自信，以为依靠科学能够认识客观规律，按照所认识的客观规律出招，就能主宰外部世界。然而忽视了外部世界也是在按照客观规律应招的，外部世界不是死等着让人去主宰它，而是在和人博弈，人在与外部世界的博弈中能求得不败就不错了，人算不如天算哪。

“先唱者穷之路也，后动者达之原也。”《尔雅》说“一达谓之道路”，一达就是一个方向。先唱乃设定一个应当（yīng dāng），执着一个方向，不知变通，往往走入死胡同，所以说“穷之路”。《尔雅》说“广平曰原”，后动者保持“得其环中，以应无穷”的态势，就像处在广漠原野，能不断地根据境遇的变化做回应，得以“玄达”，所以说“达之原”。

应的第二个特点是不得已。我们在前面说过，“无为”和“有为”的区别不在于为和不为，而在于有和无。有为之为是主动所求之为，无为之为是被动所应之为，是不得已之为。《老子》说“不敢为主而为客”，为主是主动，为客是被动，为客体现出不得已。

虽然中国传统文化非常重视变，但是，中国传统文化所重视的不是求变，而是应变。《管子》说“极变者所以应物也”（《心术下》），“应物”就是应对处境、事态的变化。处境、事态发生了变化，就去应对它；处境、事态没有发生变化，则不必人为地激发变化，不必刻意地追求变化。所以，《易传》中讲“时止则止，时行则行，动静不失其时”（《彖传》）。比如，中国近代社会遭遇“三千余年一大变局”（李鸿章语），所以，近代以来的诸如变法、革命、改革都体现了对这个“变局”的应（yìng），至于是否当（dàng），另当别论，但是这些变、革都带有不得已的成分。朱熹说，“变革之事，非得已者”（《周易本义》）。清末薛福成说，“彼其所以变者，非好变也，时势为之也”（《变法》）。“时势”就是处境、事态。我们的处境发生了变化，我们碰到的问题发生了变化，原来的局面不能维持了，我们就得应对。但是，不是我们喜欢变，而是出于不得已，不得不变。

《文子》中讲“有应兵……敌来加己，不得已而用之谓之应”（《道德》）。“应兵”就是应战的一方。这儿的“敌”，我们可以给它一个广义的理解，凡是对人形成制约、给人带来问题的都可以理解为“敌”。“敌来加己”就得应战，但是，是“不得已而用之”（第31章），不是主动挑战。比如，人活着就会有吃喝住穿等需求，要解决这些需求问题就要有一定的消费，这就是应。但是，如果是没有需求刺激需求，没有消费拉动消费，那就不是应，而是感了。感是主动一方，应是被动一方。《文子》中讲“感而应，迫而动，不得已而往”（《九守》）。“感而应，迫而动”是说我不是不动，我要动，但是，不是自己发动，而是被推着动。今天人们经常讲“推动”，是说人是推动的一方，比如人们经常说我们要推动这、推动那，其中的“我们”都是推动的一方。道家也讲“推动”，但是，道家讲的推动是说人是被推的一方，“推而后行，曳而后往”（《庄子·天下》），人被处境、时势推着动，不推不动，是“动于不得已”（《文子·符言》）。

前面讲过陆机说的“经始权其多福，虑终取其少祸”（《文选》卷五四）。主动推动的一方是“权其多福”的思路，推动这、推动那，考虑怎样能够带来更多的好处。而按《老子》来看，推动的那些事情以后会带来什么样的结果呢？不能确定啊！我们推动了很多事情，虽然刚开始可能会觉得这些事情能给我们带来一些好处，但是，随着这些事情的进展，会不断产生出各种各样意想不到的问题，往往不是我们要期待的结果，“权其多福”往往变成了自取多祸。人类社会的很多祸事都是在我们推动的过程中推出来的。不得已是“取其少祸”的思路。我不做推动的一方，我做被推动的一方，我去应，在应的过程中力求其“当”（dàng），虽然不能保证其“当”，虽然此时此地的“当”会对彼时彼地带来什么样的后果也不能确定，但是，这也是不得已的事，我不得不去应。“取其少祸”并不是说就不出问题，而是从指导思想上来说是少祸的思路。

《庄子》、《淮南子》中都反复讲不得已。《庄子》中讲“不得已之类，圣人之道”（《庚桑楚》），讲圣人“不为福先，不为祸始。感而后应，迫而后动，不得已而后起”（《刻意》）。“不为福先，不为祸始”是说福、祸都是不得已而后起的结果。《淮南子》中讲“随自然之性而缘不得已之化”（《本经训》），讲“行所不得已之事”（《诠言训》）。不得已是道家非常明显的一个特点，它把人的行动动机还原到最原本处，无论做什么事，总是出于不得已。当然，这又涉及语言表述的问题，如果把人的所有行动都说成是出于不得已，那也就不需要说不得已了。所以，还是像前面说的，要意得而言忘。

应需要虚、静。

前面讲过，玄德是可能向度意义上的全，要成为可能向度意义上的全，需要通过虚、静来保持敞开性，保持应无穷的态势。《庄子·天下》说老子是“人皆取实，己独取虚”，《淮南子》说“达于道者，反于清静”（《原道训》），《老子》及道家都非常重视虚、静。

《老子》说：“至虚，恒也；守中，笃也。”（第16

章）“至虚”就是不执任何成见，不执任何既成状态，这样才能向全方位敞开。“守中”的“中”也就是“得其环中”的“中”，“守中”就是守于未发之势，始终保持“以应无穷”的态势。《老子》说“多闻数穷，不若守于中”（第5章）。“多闻”即闻多，听到多方召唤，“数”是“术”的意思。多方召唤往往使人无所适从，这就叫“术穷”，杨子见逵路之哭就是术穷的表现，所以《老子》说“不若守于中”。守中也是守静（竹简本作守中，在帛书本和世传本中都是写作守静），守中、守静才能扎实稳固，以“与万物回周旋转”。就像我们前面讲过的太极推手，高手都是虚静以待，等着对方发力，然后应对，如果先发力，就失去应对的灵活性了。

《文子》说“虚无不受，静无不待（或作“持”，意思不如“待”）”（《九守》），“无不待”是说我等着你出各种招，“无不受”是说我接你出的各种招，“虚”才能“无不受”，“静”才能“无不待”。《庄子》说“虚则无为”（《庚桑楚》）、“静则无为”（《天道》）这样的话，《老子》讲的“无为而无不为”也可以说是虚静而无不为，所以《文子》说要“虚静为主”（《九守》）。

《管子》中讲：“君子之处也若无知，言至虚也；其应物也若偶之，言时适也……故物至则应，过则舍矣。舍矣者，言复所于虚也。”（《心术上》）这儿说的是“若无知”，不是说一无所知，而是说将所知虚化，不积藏于胸，“虚者，无藏也”（《心术上》）。像前面讲过的镜子就是无藏。因无藏而至虚，因至虚而有敞开性，有敞开性才能应，所以，《淮南子》中讲，得道者“心虚而应当”（《原道训》），虚才能应当（yìng dàng）。

什么是“偶之”呢？“偶”就是相合。“时适”就是随时而适，即与形势、境遇、条件等的变化相适应。《庄子·天下》中讲“趣物而不两”，“物”指外部事物、外部环境；“两”在这儿是不一致的意思；“趣”在这儿读qū，是“与……相应”的意思；“趣物而不两”就是和外部事物、外部环境相应，没有不一致。前面讲过《淮南子》里面说“先唱者穷之路，后动者达之原”，达就是通，怎样才能通呢？《易传》说“穷则变，变则通，通则久”（《系辞下》）。只有不断地应变，才能长久地通达，这叫作变通。《易传》还讲“变通者，趣时者也”（《系辞下》），“趣时”就是不断地随着时的变化而变化，和时保持同步。《易传》讲的“时止则止，时行则行，动静不失其时”（《彖传》）就是趣时。

物理学里面讲两个物体以相同的速度向相同的方向运动时，这两个物体的关系相对来说是静止的。朱熹说：“行止各有其时，故时止而止，止也；时行而行，亦止也。”（《周易本义》）“时止则止，时行则行”就是人的行止相对于时的行止的一种静。《庄子》说：“冉相氏得其环中以随成……日与物化者，一不化者也。”（《则阳》）

“随成”就是随外物变化而成，“一”就是不两，“不化”就是不变。虽然冉相氏总是不断地随着外部环境的变化而变动，但是，和形势、境遇、条件等的变化的关系保持不变。前面讲过司马迁说道家“与时迁移，应物变化”（《史记·太史公自序》），和“与时迁移”相近的命题还有诸如“与时偕行”（《易传·彖传》）、“与时俱化”（《庄子·山木》）、“与时俱往”（郭象《庄子·齐物论》注）以及人们讲的“与时俱进”等。从“应”的角度看，这些“与时……”的命题所体现的都是“趣时”，其重点不在移、行、化、往、进等上面，而是在时上面，移、行、化、往、进等相对于时来说都是一种静。

“物至则应”是静，“过则舍矣”是虚，虚、静才能应物变化。

（二）贵柔、谦下、不争

《庄子·天下》说关尹、老聃“以濡弱谦下为表”，“表”即标志，“濡弱”即柔弱；《吕氏春秋·不二》说“老聃贵柔”；《史记·老子传》说老子之学“以自隐无名为务”，“自隐无名”则不争；《汉书·艺文志》说道家“卑弱以自持”，贵柔、谦下、不争是《老子》及道家学说的鲜明特征。

《老子》说：“人之生也柔弱，其死也筋肕坚强。万物草木之生也柔脆，其死也枯槁。故曰：坚强者死之徒也，柔弱者生之徒也。”（第 76 章）生命总是从柔软开始，以僵硬告终。柔软具有较大的可塑性和较强的适应性，像婴儿、像幼苗等；越僵硬可塑性越小，适应性越弱，像老人、像枯木等。《老子》从人类和万物草木的生存现象中得出“坚强者死之徒，柔弱者生之徒”的看法，强调要柔，柔才能保持可能状态，才能适应各种生存境遇，才能有生机，如果僵硬则难以很好地适应境遇的变化，难以有生机。

《老子》说：“江海所以为百谷王，以其能为百谷下，是以能为百谷王。”（第 66 章）“王”在这儿读 wàng，归往的意思。由于江海处于低下的位置，所以使得百川归海。人也要谦下，《老子》说要“为天下溪”、“为天下谷”（第 28 章），在这儿，溪、谷都是指低的地方。“为天下溪”、“为天下谷”才能实现“恒（gèng）德”，即不执一偏、无所不可。

《老子》一书中多次讲到“不争”，比如，说“夫唯不争，故无尤”（第 8 章），“无尤”即没有过失；说“夫唯不争，故莫能与之争”（第 22 章），“以其不争也，故天下莫能与之争”（第 66 章），“莫能与之争”不是说争不过，而是说就争不起来；说“不尚贤，使民不争”（第 3 章）；等等。如果按世传本《老子》的顺序，全书的最后一句话还是讲“人之道”应该是“为而弗争”，可以看出《老子》对“不争”的重视。

《老子》很推崇水、婴儿和雌性这三样东西，经常通过这三个形象的东西来说明贵柔、谦下、不争。

我们先来看水。

《老子》最推崇水这物象，常常以水来比喻道，比如，说“道泛兮，其可左右也”（第 34 章），说“道者，万物之注也”（第 62 章），说“譬道之在天下也，犹小谷之与江海”（第 32 章）等。道全方位地弥漫，天下万物都会聚于道，有点儿像小溪汇聚江海。当然，这只是比喻，水只是某种德的呈现，不能说道就是水的样子。所以，《老子》更重视讲水之德，认为水最能体现柔弱、不争、谦下。

《老子》说“天下之至柔，驰骋于天下之至坚。无有入于无间。吾是以知无为之有益也”（第 43 章），又说“天下莫柔弱于水，而攻坚强者莫之能胜”（第 78 章）。水是天下之至柔，但是，水的力量却可以冲决任何坚硬的东西，滴水穿石、惊涛裂岸，都显示出水的力量。水能驰骋于天下之至坚，最主要的一点就是水能不执常形而随物赋形，遇方则方，遇圆则圆，或横无际涯，或涓流入微，所以能无所不到，这就是“无有入于无间”。《老子》由水的至柔特性而领悟到“无为之有益”，即无执无为才能“随感而应”、“随物而成”，才能无不为。

《老子》第 8 章讲：“上善若水。水善利万物而不争，居众人之所恶，故几于道矣。居善地，心善渊，予善信，正善治，事善能，动善时。夫唯不争，故无尤。”这简直就是水的赞歌。

在《老子》看来，水之德体现了最高的善。水是生命之源，所有的生命都得益于水，但是，水却从不争——不争功、不争名、不争势、不争利，生养而不索取，付出而不自负，抚育而不控制。众人好高而恶下，水却往低处流；众人好洁而恶污，水却承受众垢。水总是按着自己的本性存在，无为自然，应物无执。这很像我们前面讲的玄德，所以《老子》说“几于道”，即接近于道。玄德也可以说是“几于道”之德。

《老子》通过水的具体性状来讲述上善之德：

居善地：水性趋下，只往低处流，并不因为众人恶下而改变自己的本性，总是处在最适合自己的地方，也就是自己的善地。具有上善之德的人也是按自己的本性生活，不丧己于物，不失性于俗，不趋众之所好，不避众之所恶，独立守己，不失其所。这就叫作“居善地”。

心善渊：渊是深沉的意思。常人的心境最易受环境的影响，总是看别人怎么做、听别人怎么说，以此来决定自己的行为，因此，其心境往往会躁动不安。具有上善之德的人不以众人的好恶来决定自己的行为，只按自己内在的尺度而行动，所以，其心境总是沉静的，不浮躁，不为外在环境所左右。这就是“心善渊”。

予善信："予"是给予、施与的意思。"信"是随意、没有任何目的的意思。水善利万物，遍与诸生，但是，并没有什么目的，只是其自然本性的表现。具有上善之德的人也是这样，施与只是随意的行为，既没有图报之念，也没有邀誉之心。这就是"予善信"。

正善治：正是纯正清平的意思。治是平顺、和顺的意思。水纯净不杂，清澈透明，止则平正不偏，动则荡涤群物。清澈透明则人皆可以知其内，平正不偏则人皆可以见其外；纯净不杂则无私无欲，荡涤群物则尘秽皆除。具有上善之德的人也像水一样，为人清正，处事平和。这就是"正善治"。

事善能："事"指作为，"能"指广博。水之品质，遇物赋形，不执于一，因地而为曲直，因器而为方圆，无所不适，无所不通，以天下之至柔，驰骋天下之至坚。具有上善之德的人也是这样，能够与时迁移，应物变化，无为而无不为，所以说"事善能"。

动善时："时"即适时、合于时宜。顺自然则适时，不顺自然则违时。水冬凝为冰，春释为水，既是顺自然，又是适时节。如果是夏成冰，冬为水，就不合于时了。具有上善之德的人能够顺应自然，既不强行所不行，也不强止所不止，"时止则止，时行则行，动静不失其时"（《易传·彖传》），所以说"动善时"。

我们再来看婴儿。

《老子》说“含德之厚者，比于赤子”（第55章），赤子就是婴儿，“含德之厚”也就是前面讲的玄德。《老子》认为婴儿比成年人更有活力，具有更多的敞开性和可能性，所以具有非常浓厚的玄德的色彩。

婴儿的特点是柔和自然。《老子》说婴儿虽然骨弱筋柔，但是，他却能把东西握得很牢；婴儿并不知道男女交媾之事，但是，小男孩的生殖器却会不时勃起；婴儿整日哭号，但是，并不气逆或者嘶哑（见第55章）。这些现象都是自然的体现。《老子》希望成年人经过一定的修养能“复归于婴儿”（第28章），能像婴儿那样柔（第10章中讲：“抟气致柔，能婴儿乎”），像一个还不会笑的婴儿那样对世人的熙熙攘攘无动于衷（第20章中讲：“我泊焉未兆，若婴儿未咳”）。当然，这并不是说要从时间上回归到婴儿时代，时间是不可逆的，而是说要在精神上、心理上保持婴儿的柔和自然的状态，保持敞开性。

陶渊明在一首诗中说“素标插人头，前途渐就窄”（《杂诗》）。“素标插人头”是说白头发就像是插在头上的白色标志，意谓年老；“就窄”在这儿可以理解为逐渐失去敞开性。人在初生时，有很大的敞开性，可能发财，可能做官，可能……当然还有死也时刻敞开着。人从出生开始就带着死，死是一个过程，时时刻刻与生相伴，并不只是一个终点，人生就是在知道剧情必然结局的前提下，根据这结局编演各种可能剧情的过程。死是必然的，但是，怎么死却是或然的，什么时间、什么地点、以什么方式等都不确定，所以，死的必然是带着可能的必然。司马迁说“人固有一死，或重于泰山，或轻于鸿毛”（《报任少卿书》），固有一死讲死是必然的，或重或轻讲怎样死是可能的，一个“固”字和一个“或”字点出了死的要义。随着人生剧情的展开，各种敞开会逐渐闭合，到最后闭幕，也就没有敞开性了。所以，人生之路就是一个从宽广变得越来越狭窄的过程，这是人所不能主宰而改变的。人所能做的是在这个不由自主的必然性中，尽量维持敞开可能性，尽量将人生路上的每一点都作为初始状态。就像树干分叉似的，虽然在每一个分叉点都会失去一些可能性，但是，在每一个分叉点都仍然敞开着继续分叉的可能。

第三个形象是雌性。

《老子》有时也用雌性来比喻道。《老子》说：“谷神不死，是谓玄牝。玄牝之门，是谓天地之根。”（第6章）所谓“谷神”指中空而变化莫测，就像是旋涡，“不死”指旋而不止，《老子》把这称为“玄牝”。在《老子》看来，这旋涡就像是一个巨大的雌性生殖器，所有的事物都从这个旋涡中生成，又都被这个旋涡卷进去，所以说是“天地之根”。《老子》曾说“玄之又玄，众眇之门”（第1章），“玄之又玄”也可以说就是旋而又旋，“谷”之所以中空而变化莫测全在玄（旋），不旋就不会中空而变化莫测，这样，“玄牝之门”也就是“众眇之门”。当然，无论“玄牝之门”还是“众眇之门”，都只是对道的比喻，不是说那就是道。

旋涡是两个对立的方面共同作用的结果，后来人们常见的太极图很形象地体现了这一点。这在《易传》中叫作“一阴一阳之谓道”（《系辞上》）。

我们来看《易传》中的这几句话：

（1）一阴一阳之谓道（《系辞上》）。

（2）乾，阳物也；坤，阴物也（《系辞下》）。

这样，我们可以说“一坤一乾之谓道”。

（3）阖户谓之坤，辟户谓之乾（《系辞上》）。

这样，我们又可以说“一阖一辟之谓道”。但是，《易传》却说，

（4）一阖一辟谓之变（《系辞上》）。

由此，我们也可以说《易传》中讲道注重于“变”。前面讲过裴頠的“总混群本，宗极之道”，可以说，一方面，这宗极之道“独立而不改”，没有变化；另一方面，这总混群本又“周行而不殆”（世传本第 25 章），是一团“变”。

变由阴阳双方的共同作用而生成。在生成变的过程中，阴阳各自发挥的作用不同，阳的特点是刚健，具有主动性，阴的特点是柔顺，具有被动性，无论刚健还是柔顺、主动还是被动，都不可能单方面生成变，所以《易

传》说“阖户谓之坤，辟户谓之乾，一阖一辟谓之变”；所以《老子》说“万物负阴而抱阳，冲气以为和”（第41章，见世传本第42章）。“冲”是翻腾激荡，在阴阳翻腾激荡的过程中产生“和”的状态。

虽然旋涡是阴阳共同作用的结果，但是，《老子》却把它叫作“玄牝之门”，其间体现出《老子》对雌性的推崇。《老子》推崇雌性的柔顺、谦下、不争的性质。《易传》中说乾“其静也专（tuán），其动也直”；说坤“其静也翕，其动也辟”（《系辞上》）。坤阴乾阳，都有静、动两方面，人们经常说阴静阳动，这是从阴阳的趋势来说的，而不是说阴只是静，阳只是动。所谓阴阳的趋势是指动由阳发起，静由阴主导。以两性性行为为例。当两性不发生性行为时，雄性的阳具是团缩的，雌性的阴户是闭合的；当两性发生性行为时，阳具会挺直，阴户也会由于阳具的活动而开启，所以，阴之动是随顺着阳之动而动。但是，阳之动会随着雄性的射精而转为阳之静，而这阳之静是由阴之顺应、居下所导致的。《老子》说“天下之交也，牝恒以静胜牡”（第61章）。在牝牡交合的过程中，雌性总是得胜的一方，但是，这不是雌性力求战胜雄性，而是由于雄性之动使得雌性得胜，雌性除了顺应并没有做什么。

阳发起了动而打破了静，阴参与了动并导致了静，动和静合成变。如果没有阳之发动，那么就不能打破静的局面，固然不会发生变；但是，如果没有阴之守静，那么阳之发动也就无从谈起，同样不会生成变。正是由于阴之守静，才使得阳之发动得以实现，所以《老子》说“知其雄，守其雌”（第 28 章）。知是显现，守是保守，雄发以雌静为舞台。

所以，就变的动力讲是阳为先，就变的载荷讲是阴为重。这在不同的学说体系中会有所侧重。比如，《易传》既重视阳，也重视阴，讲“大哉乾元，万物资始”、“至哉坤元，万物资生”（《彖传》），但是，总还是更偏重些阳，所以讲“天尊地卑，乾坤定矣”（《系辞上》）。《老子》既讲阴，也讲阳，说“万物负阴而抱阳，冲气以为和”，但是，还是更重视阴，所以说“天门启阖，能为雌乎?”（第 10 章）“天门启阖”也就是《易传》讲的“一阖一辟”，“能为雌乎”的设问其实是主张在变的过程中做被动的一方，体现了不求变的原则。

可以说《老子》的“三宝”：慈、俭、不为先（见第 67 章），雌性都具备。

（三）知足、知止

人活着就会有各种需求，只有各种需求得到满足，人生才能安乐，才能幸福美好。问题是，什么是满足？怎样来满足呢?

有一个故事讲一个旅行者在河边看到一个渔父坐在阳光下打盹，便走上前去问他为什么不下河捕鱼，渔父说他已经捕了今天需要的五条鱼。旅行者问他为什么不多捕些，每天多捕些鱼，不久就可以拥有一条小船，然后就可以捕更多的鱼，这样又可以买一条大渔船，有了大渔船，捕的鱼更多了，不久就可以开一家水产公司。渔父听了这些话后问：再以后呢？旅行者回答：再以后你就可以安安稳稳地坐在太阳底下打盹了。渔父说：我现在已经在太阳底下打盹了。在旅行者或者常人看来，渔父实在是荒废人生好时光，但是，正是渔父拥有了那些处于繁忙中的人所追求的东西。

绝大多数的人都会质疑和反对渔父的做法，认为如果人们都这样，那怎么满足日益增长的需求呢？对于这个问题，《老子》可能会反过来问，需求为什么要（或者说为什么会）日益增长呢？

需求和欲求是有区别的。需求是由需要而产生的要求，欲求是由欲望而产生的要求。虽然欲望是因需要而产生的对某种事物的渴望，一般来说，需要决定欲望，只要有需要就会有欲望，但是，由于受人的心理因素（诸如贪婪、攀比、出人头地等等）的影响，欲望也会反过来影响需求。比如，没有需求刺激需求，这由刺激而增长的需求就成为欲求。前面我们讲过嵇康把人的需求分为两种，说“不虑而欲，性之动也；识而后感，智之用也。

性动者，遇物而当，足则无余；智用者，从感而求，倦而无已”（《答难养生论》）。需求产生于“性之动”，欲求往往产生于“智之用”。由“性之动”产生的需求“足则无余”，比较容易满足；因“智之用”产生的欲求“倦而无已”，很难满足，就像李白所说：“物苦不知足，得陇又望蜀。”（《古风》其二十三）

《老子》并不反对满足人的各种需求，比如说要“实其腹”、“强其骨”（第3章），当人所拥有的物质财富不足以“实其腹”、“强其骨”时，当然要增加物质财富，以满足人的需求。《老子》也主张要使人富起来（见第57章），使人“甘其食，美其服，乐其俗，安其居”（第80章）。但是，什么是满足，怎样来满足呢？什么才是富，怎样才能富呢？这需要分析。以人的物质需求或者欲求为例，富表现为物质财富的丰富，而物质财富的丰富与否，往往与人的物质需求或者欲求的满足相关，因此可以把富看作是需求或者欲求与满足需求或者欲求的东西的比值，人的需求或者欲求好比是分母，满足需求或者欲求的财富好比是分子，这个比值的值在从0到1（包括0和1）的区间内。比值越小说明需求或者欲求的满足度越低，比值越大说明需求或者欲求的满足度越高，当比值是0时，意味着人的任何需求或者欲求都得不到满足，当比值是1时，意味着人的任何需求或者欲求都能得到满足。不存在比值小于0的不满足，也不存在比值大于1的满足。作为比值，当分母一定时，分子越大分数的值越大，分子越小分数的值越小；反过来，当分子一定时，分母越小分数的值越大，分母越大分数的值越小。由于人总要有不可缩减的需求，而且这些不可少的需求还有个满足的质量的问题，所以，比值的分母也就不能无限地缩小，如果没有相应的财富满足人的不可缩减的物质需求的量和质，人就不可能富。但是，如果是没有需求刺激需求，没有消费拉动消费，促使分母无限地增长，如常言所说的人心没尽，如嵇康所讲的倦而无已，那么，即使作为分子的财富增长得再大，也是“人之所欲无穷，而物之可以足吾欲者有尽”（苏轼：《超然台记》），难以使人感到富。

所以，《老子》说要知足，知足才能感到富（见第 33 章），富才能幸福。知足不仅是知道什么是足，还要知道怎样来足。前面说可以把富看作是需求或者欲求与满足需求或者欲求的东西的比值，要提高富这个比值的值，除了需要一定程度地增长分子的值之外，还需要一定程度地限止分母的值的增长，即限止欲求的日益增长。《世说新语》中说阮裕“常内足于怀”（卷十八），我们把通过限止分母的值以增大比值叫作“内足”，把通过增加分子的值以增大比值叫作“外足”。只有既外足又内足，才是全面的足。就物质需求或欲求而言，如果说发展生产力的部分任务是要增加物质财富，解决外足于物的问题（发展生产力的更重要的任务是缩减生产一定物质财富的劳动时间）的话，那么，《老子》讲知足的着眼点主要在于限止欲求的不断增长，力图内足于怀。

《老子》说："罪莫厚乎甚欲，咎莫憯乎欲得，祸莫大乎不知足。故知足之为足，此恒足矣。"（第46章）罪、咎、祸在这儿都是指祸害，也有过错的意思，从后果讲是祸害，从行为讲是过错。厚、憯、大都指严重。"甚欲"即过分地要求，"欲得"即贪得无厌，甚欲、欲得都是不知足。《老子》在这儿是用不同的语句反复强调相同的意思，即欲求的不断增长实在是个大过错，会带来严重的祸害。嵇康说"世之所患，祸之所由，常在于智用，不在于性动"（《答难养生论》），就是说，社会中的祸患常常是由于人们追求满足日益增长的欲求，而不是由于满足一定的需求。只有以"知足"为前提实现的"足"，即在满足一定需求的同时，限止欲求的不断增长，既外足又内足，这样实现的满足，才是"恒足"。这样才能减轻以至消除由不知足带来的祸患。

限止即止以限界，止于限界，因此《老子》又讲知止。

《老子》说"始制有名。名亦既有，夫亦将知止。知止所以不殆"（第32章）。在前面讲道的时候曾说道不可名，所以，道也就无名，但是，道之无名不是因其空洞而无可名，而是因其太丰富而不能名，所以，《老子》又提出有名与无名互补。《老子》说"无名，万物之始也；有名，万物之母也”（第 1 章）。“始”从浑然一体讲，“母”从包罗万象讲。所谓“始制”就是从无名转为有名，“制”在这儿是“裁”的意思，意指分别。从众物分别的角度讲，任何事物都因一定的特性与他物区别开，这区别可以用名来表示，所以，有多少事物也就有多少名，以至于无穷。当然，这并不是说道先有一个无名的阶段，然后才是有名的阶段，对道来说，不存在“阶段”的问题，无名和有名只是人从不同的角度对道的言说。

事物彼此区别也就意味着各有限界，只有止于各自的限界，才能保持彼此的区别，所以说“名亦既有，夫亦将知止”。知止的“止”既有停止的意思，也有处所的意思，所以，知止也就不是简单地停下来，而是要知道停在什么地方，知道界限并且止于界限。《庄子》说“知天之所为，知人之所为者，至矣”（《大宗师》），知道人的能力的界限在哪儿并且止于这界限，就是知止。《庄子》又说“吾生也有涯，而知也无涯，以有涯随无涯，殆已”（《养生主》），“以有涯随无涯”就是不知止。人能够具有满足自己的需求的能力，但是，人实在不能够具有满足自己无止境地增长的欲求的能力，所以，相对于欲求来说，就总是觉得不满足。以有限的能力追求满足无限的欲求，怎么能不疲困呢？所以《老子》说“知止所以不殆”。

《老子》说：“名与身孰亲？身与货孰多？得与亡孰

病？甚爱必大费，厚藏必多亡。故知足不辱，知止不殆，可以长久。”（第44章）

“名”指名声，“身”指生命，“亲”是珍爱的意思。“货”指财物，“多”是重视的意思。“得”指求取名利，“亡”指丧失生命，“病”是忧虑的意思。名声与生命哪个更值得珍爱？生命与财物哪个更值得重视？求取名利与丧失生命哪个更令人忧虑？对这些问题，人们似乎都挺清楚，富贵功名乃身外之物是人们的老生常谈，但是，当真正碰到这些问题的时候又往往会犯糊涂。《吕氏春秋·审为》中说，当有人要以砍头换得帽子、以杀身换得衣服时，人们一定会感到奇怪，认为这个人不正常，但是，当遇到追求名利的时候，人们却会“危身伤生刈颈断头以徇利”，这其实和“断首以易冠，杀身以易衣”一样不正常。

“甚”是过分的意思，“爱”是贪图，“费”指耗费，耗费心力、物力等等。“厚”是增益的意思，“藏”指储藏、占有。过分地贪图必然会极度耗费，不断地增益占有往往会更多地丧失自我，人被“身外之物”裹挟着走，身不由己，不再是自己的主人。极度耗费则疲困，丧失自我则辱身，这主要是由于不能知足、知止，所以《老子》说“知足不辱，知止不殆，可以长久”。“可以长久”是说，就同一的行为者而言，知足、知止比不知足、不知止可以更长久。

《庄子·天下》说关尹、老聃“以有积为不足”，积就是占有。前面讲过“不虑而欲”的需求和“识而后感”的欲求的区别，占有往往产生于“识而后感”。“不虑而欲”的满足有内在的尺度，比如，肚子饿了便有食欲，吃饱了就没食欲了，这就是“足则无余”。“识而后感”的满足没有这样的尺度。比如，到自助餐馆吃饭，每个就餐者都可以管饱吃，满足的尺度是每个就餐者的饭量，虽然饭量有大有小，但是都是一个饱。这可以说是“各足所需”。如果说吃饱了还要拿回去占有，那就难以满足了，这个拿得多，那个拿得少，互相攀比，“从感而求，倦而无已”。“从感而求”没有确定的满足尺度，作为欲求的“分母”会无止境的增长，这样，即使“分子”的量增加得再大，也不会满足。这“不足”是由“有积”导致的，所以《老子》说“圣人无积”（第81章）。

《文子》说圣人“适情辞余，不贪得，不多积”（《守平》），《淮南子》也说“适情知足，则富矣”（《缪称训》）。“适”就是调节得当，“适情辞余”就是把情欲调节得当，去掉多余的东西。这样的人生才是协调的、健康的。印度圣雄甘地说：“人的真正的幸福在于知足。不知足的人，无论他占有多少，他都是欲望的奴隶。”① 成了欲望的奴隶就身不由己了。

① ［印度］甘地：《圣雄箴言录》，吴蓓译，新星出版社2007年版，第172页。

陶渊明有这样的诗句："人生归有道，衣食固其端。孰是都不营，而以求自安？"（《庚戌岁九月中于西田获早稻》）前面说过，人活着首先要解决吃喝住穿等问题，然后才能从事其他活动，吃喝住穿的问题是人生的首要问题，所以说"衣食固其端"。"是"在这儿就指衣食，"营"就是料理，"孰是都不营，而以求自安"是说，谁能够连衣食问题都不解决，而使得自己的生活安宁呢？孔子说他自己"饭疏食饮水，曲肱而枕之，乐亦在其中矣"（《论语·述而》）。这是说，吃的是粗糙的饭，喝的是凉水，把胳膊弯回来当枕头，这其中就有快乐。孔子又说他的弟子颜回是"一箪食，一瓢饮，在陋巷，人不堪其忧，回也不改其乐"（《论语·雍也》）。箪是盛饭用的圆形竹器，其中所放的多是比较粗糙的食物。瓢饮是拿瓢舀起来喝，用瓢舀着喝的不会是精致的饮料。陋巷就是简陋的居室。孔子说，别人在这种情况下会不堪其忧，但是，颜回却能不改其乐。后来，人们把孔子所说的这两个乐叫作"孔颜之乐"。孔颜之乐固然体现了孔子和颜回人生修养的境界，但是，其中也包含着一定的物质生活的条件，没有疏食饱腹，没有陋巷栖居，在饥寒交迫的处境下，孔子和颜回恐怕也难以有乐。问题是，具有比孔子和颜回的物质生活条件优越的人大有人在，尤其是随着生产力水平的提高，很多很多的人的物质生活条件都远比孔子和颜回要优越不知多少，但是，又有多少人能有孔颜之乐呢？在宋代，程颢、程颐兄弟向周敦颐问学，周敦颐让他们“寻孔颜乐处，所乐何事”。如果说孔子和颜回因为什么而乐不是一句话能说得清楚，那么，孔子和颜回不是因为追求占有很多财富而乐却是显而易见的。在疏食饱腹、陋巷栖居的基础上，孔颜之乐与财富的多寡没有线性关系，不是财富越多就越乐。因此，陶渊明说“倾身营一饱，少许便有余”（《饮酒》）；说“耕织称其用，过此奚所须”（《和刘柴桑》）；说“营己良有极，过足非所钦”（《和郭主簿》）。人活着必然有衣食所需，所以要努力料理衣食之需的问题，但是，衣食之需是有限度的，满足了这限度就行了，这就是“称其用”，不必钦羡超过“其用”的财富。《庄子·逍遥游》中讲鷦鷯在深林中筑巢，只需一枝就够了；偃鼠喝河里的水，只要喝饱就行了，并不多占。当然，这并不是要人成为鷦鷯和偃鼠，而是希望人能明白这道理，从追求积敛的束缚中走出来。嵇康说：“渴者饮河，快然以足，不羡洪流，岂待积敛然后乃富哉?”（《答难养生论》）张九成说：“田园爱潜归，箪瓢识颜乐。譬彼鷦鷯心，平坐在丛薄。”（《秋兴》）

《庄子》里有这样一个寓言故事，说有一个人害怕自己的影子，厌恶自己的足迹，想把影子和足迹甩掉，所以不断地向前奔走，但是，他走得步子越多，留下的足迹也越多，走得越快，影子也跟得越快。他以为甩不掉是因为步子还太慢，所以拼命地奔走不停，结果累死了。（见

《庄子·渔父》）

在生活中，经常会有类似“畏影恶迹”之类的事情。比如，人们都想脱贫。如果说富是需求或者欲求得到满足的话，那么，贫就是需求或者欲求得不到满足。我们前面讲过，需求和欲求不一样，因此，贫也有需求之贫和欲求之“贫”的区别，需求之贫是实际的，欲求之“贫”是影子的。对于需求之贫来说，随着生产力水平的提高和社会制度的改善，每一个人都一定能够脱贫；但是，对于欲求之“贫”这个影子来说，要甩掉却很难。如果作为分母的欲求“日益增长”，以至于趋于∞，那么，虽然人们竭力使分子的值不断增大，但是，相比∞的分母来说，总是微不足道。水涨船高，影随形移，更何况财增一尺，欲增一丈，“贫穷”的影子总伴随着增长，难以甩掉。

和影子“贫穷”相关的还有“被轻视”这个影子。凡勃伦说：“对奢侈和财富的看重出自出人头地的冲动。”[①] 在一个以财富为尊重尺度的社会，财富少往往会“被轻视”，为了甩掉这个影子，人们竞相扩大自己财富的规模，力图能出人头地，不被人轻视。在《雇佣劳动和资本》中，马克思讲了这样一段话：“一座小房子不管怎样小，在周围的房屋都是这样小的时候，它是能满足社会对住房的一切要求的。但是，一旦在这座小房子近旁耸

---

① ［德］维尔纳·桑巴特：《奢侈与资本主义》，王燕平、侯小河、刘北成译，上海人民出版社2000年版，第82页。

立起一座宫殿，这座小房子就缩成可怜的茅舍模样了……并且，不管小房子的规模怎样随着文明的进步而扩大起来，但是，只要近旁的宫殿以同样的或更大的程度扩大起来，那座较小房子的居住者就会在那四壁之内越发觉得不舒适，越发不满意，越发感到受压抑。”① 一开始，小房子“能满足社会对住房的一切要求”，这是就住房的需求而言。但是，一旦在小房子近旁耸立起宫殿，小房子就不能满足人们的要求了，所不能满足的不是对住房的要求，而是人们把其他的要求，比如出人头地、不被轻视等，加在了住房上面。这样，住在小房子的人为了改变被轻视的处境，也开始扩大自己房子的规模，而住在宫殿的人为了保住自己出人头地的优势，会继续以同样的或者更大的程度扩大自己房子的规模。在这样的竞相争比中，一些人胜利了，离开较小的房子住进较大的房子或者由较大的房子扩成更大的房子；一些人失败了，由较大的房子“缩成”较小的房子或者依旧住着较小的房子。但是，无论是住小房子的还是住大房子的，大家都为了甩掉“被轻视”、“被超过”的影子疲于奔命，结果都成了“房奴”。

造成这种状况的原因是多方面的，既有群体的，也有个体的。比如，为什么会把财富作为评价人的价值的尺度就是一个社会问题，单靠个别个体解决不了这个问题。但

① 《马克思恩格斯文集》第1卷，人民出版社2009年版，第729页。

是，每个个体并非完全被动地为环境所决定，如果个体能够“停一下”、“慢一步”，一方面，可以减缓一点儿群体竞奔的程度；另一方面，也可以减少一点儿自己的“奴”性。张载说“天下事，大患只是畏人非笑”（《近思录》卷七）。对于“人非笑”我管不了，但是，对于“畏人非笑”，自己还是多少能够做些主的，减少一分“畏人非笑”，也就能减少一分“奴”性。白居易说“不为世所薄，安得遂闲情”（《咏怀》），要“遂闲情”，难免为“世所薄”，像前面讲的那个渔父就被旅行者所轻视，但是渔父不在意，而是随顺自己的闲适心情。当然，饥寒交迫是难以“遂闲情”的，所以渔父“遂闲情”是在捕够一天所需要的鱼之后，而不是饿着肚子在阳光下打盹。

《庄子》说那个“畏影恶迹”的人“不知处阴以休影，处静以息迹，愚亦甚矣”。待在背阴处就没有影子了，脚步停下来就没有足迹了，对于（欲求之）“贫穷”、“被轻视”以及“输在起跑线”等影子来说何尝不是这样。所以《老子》说要知止，知止才能从外物的束缚中解脱出来。南朝谢灵运讲“卫生自有经，息阴谢所牵”（《还旧园作见颜范二中书》）。“谢”是除去，“牵”是牵累，在背阴处停下来，可以消除影子的牵累。

前面讲过需求和欲求不同，在嵇康那儿是“不虑而欲”和“识而后感”的区别，而马克思则曾经把人的需求分恒定的需求和相对的需求两种。

恒定的需求“在所有情形下都存在，只是在不同的社会条件下它的形式和范围有所改变而已”[①]。比如，在任何时候，人肚子饿了都得要吃东西，所以要发展生产力解决吃饱肚子的问题。在吃饱的基础上再继续发展，生产更多的食物，还是吃个肚子饱，不能饱到肚子外边去，生产力水平的变化可以改变人们吃的需求的形式和范围，但是，不管那形式和范围怎样变化，吃饱肚子的那个量基本上稳定。前面讲过到自助餐馆吃饭的例子，我们假设最初餐馆里的食物匮乏，去就餐的人都抢着吃，还没吃饱就没有食物了。怎么办呢？发展生产力嘛。通过发展生产力来增加餐馆里的食物，使得到餐馆吃饭的人都能吃饱。随着生产力的发展，餐馆里的食物会越来越丰富，这样，到餐馆就餐的人也就越来越能够按自己的不同的需求（比如营养、口味等）去取用，这也可以说是“各取所需”。但是，不管怎样取用，吃饱肚子的那个限度不变。对这种恒定的需求，要通过“组织一种能满足全部正常需求的生产与交换方式”[②] 来满足。

相对的需求“仅仅产生在特定的社会形态以及生产

---

① ［英］戴维·麦克莱伦：《马克思》，冯韵文、屠敏珠、何启谦译，昆仑出版社 1999 年版，第 60 页。

② ［英］戴维·麦克莱伦：《马克思》，冯韵文、屠敏珠、何启谦译，昆仑出版社 1999 年版，第 60 页。

方式和交换方式之下”[①]。比如，在“特定的社会形态以及生产方式和交换方式之下”，会产生以财富来评价人的价值的情况，富者受尊重，贫者被轻视，这其实尊重的是财富的价值，而不是人的价值。这样就把人满足尊重的需要变成占有财富的要求。像前面所讲的房子的例子中，人们为了受尊重而不被轻视，竞相争比，而加在房子上的非住房要求，可以说就是相对的需求。这种需求不可能通过不断发展生产力得到满足，而是要“完全丧失它们存在的必要条件”[②]，进而使这种需求被消除。

相对需求存在的条件是多方面的，诸如群体的旋吸和个体的趋附都是相对需求存在的必要条件。在一个以财富评价人的价值的社会群体中，一方面，个体难以摆脱群体的旋吸；另一方面，群体的旋吸又因个体趋附的“正反馈”而得以强化。每个个体都“理性”地追求提高自己的价值，从而叠加出整个群体的“无理性”状态。人是环境的产物，而环境又由于人的活动而变化，所以，要消除相对需求存在的必要条件，既要从群体讲，也要从个体讲。从个体的角度讲，要知足、知止，止于恒定需求，足于恒定需求，从而减缓群体的旋吸。《老子》以及道家讲

---

① ［英］戴维·麦克莱伦：《马克思》，冯韵文、屠敏珠、何启谦译，昆仑出版社 1999 年版，第 60 页。

② ［英］戴维·麦克莱伦：《马克思》，冯韵文、屠敏珠、何启谦译，昆仑出版社 1999 年版，第 60 页。

知足、知止，绝不只是为了自己“常乐”，而且也在改变着环境。

（四）减损、俭约、简朴

前面讲过司马谈说道家“指约而易操，事少而功多”（《史记·太史公自序》）。指约即主旨很简单，就是无为，应而不唱，动于不得已，这很容易操作；事少指虚静以待，这样才能无不为，所以说功多。帛书《二三子问》中讲“多事多患”，生的事儿越多，灾祸也随之越多。

要事少，就需要把多出来的事给减损了。《老子》讲“绝学”（第20章），讲“绝智弃辩”、“绝巧弃利”、“绝伪弃虑”（第19章），讲“去甚、去泰、去奢”（第29章），讲“损之又损”（第48章），绝、弃、去、损都是讲减法。《老子》和道家对生活的态度和对社会变化的看法与常人不同，常人多讲增长，《老子》和道家则讲减损。五代道士谭峭说“病在于增不在于损”（《化书·俭化》），《老子》和道家讲减损是对世人过于重视增长的救偏。

《老子》说：“绝学无忧。”（第20章）“绝”是摒弃的意思，“学”在这儿是模仿、效仿的意思，“忧”是人由于不如意而产生的苦闷心情。在人的生活中经常会出现一些不如意的事，有些是客观原因导致的，比如人的

“不虑而欲”的需求得不到满足，当然会不如意。但是，更多的是主观原因导致的，其中一个非常重要的主观原因就是模仿、效仿，也就是嵇康所说的“识而后感”。人们经常会以别人为参照来比较自己，比较的时候更多的是以比自己“高”的人作为参照进行比较，这样的比较就是攀比。比如，别人钱财多，挥金如土，我想学人家阔绰，而结果又总是不能同别人一样阔绰，所以不如意，因此而会忧；别人官位高，门庭若市，我想学人家气派，而结果总是不能同别人一样气派，所以不如意，因此而会忧；张三声名显赫，我为之心动，却苦于冥顽不灵，因此而会忧；李四金屋藏娇，我看得眼热，却苦于才貌不济，因此而会忧。在生活的方方面面，诸如财富、地位、容貌、身体、能力、学识、声望、职业、交际、婚姻、儿孙，等等等等，都可能会因为参照别人而觉得自己不如意，因此而产生忧。更要命的是，所谓的“别人”往往不是某个确定的个体，而是一个不确定的高于自己现状的群体，因此总是人外有人，攀到甲的水平，还有更高的乙，乙之后还有丙、丁，如此等等，这样，攀比也就成为无止境的，虽然这样很累，但是停不下来，“倦而无已”嘛。经常会听到有人说活得累，以今天的生产力水平，主要不是累在解决“不虑而欲”的需求上，而是累在这个“学”上了，学来学去把自己学成一个个奴，诸如财富奴、职位奴、名声奴、面子奴、容貌奴等，成了奴当然会忧。“绝学”就是要把这攀比消除掉，这样才能“无忧”。东晋殷浩说：“我与我周旋久，宁作我。”（《世说新语》卷九）所谓“学”，其实是把自我消解于“别人”之中，丧失了自我的独立性，当一个人摒弃了对别人的效仿，就体现出自己的独立性来。具有自我独立性的人不效仿别人，不追求时尚，不趋赶潮流，只做自己。

《老子》对常人和具有独立性的人做了比较：“望兮，其未央哉！众人熙熙，若享于大牢，而春登台。我泊焉未兆，若婴儿未咳。累兮，似无所归！众人皆有余，我独遗……俗人昭昭，我独若昏兮。俗人察察，我独闷闷兮……众人皆有以，我独顽以鄙。”（第20章）

“望”是比量、比视，“未央”是没有穷尽，“享于大牢”指参加隆重的祭祀活动，“春登台”是春天登台眺望，指春游。众人看重于比较、比量，把自己置于喧闹纷杂、熙熙攘攘的“人们”之中，与“别人”比，与“人们”比，没有穷尽；具有独立性的人对于世事的纷杂、众人的喧闹都无动于衷，像那还不会笑的婴儿，不会因为别人的看法而改变自己。

“累”（lěi）是积聚、积累，“归”是终结、完结。世人往往注重于占有、积聚，把自身内在的价值外化于其所占有的东西。比如，外化于财富，则其身份也许就会成为“X万富翁”；外化于权势，则其身份也许就会成为“达官贵人”；外化于声望，则其身份也许就会成为“知名人士”；外化于才貌，则其身份也许就会成为“才子佳人”；如此等等。但是，追求占有可能会恰恰失去其人的独立性。况且，占有的欲望是无穷尽的，也就是《老子》说的“无所归”，即没有终结，这样，又会把与“别人”的比较变为与“无穷”的比较。陷入与无穷的比较之中而不能自拔，最终导致了占有的异化，即人被其占有所占有，《庄子》把这叫作“倒置之民”。《庄子》说：“丧己于物，失性于俗者，谓之倒置之民。”（《缮性》）也就是说，受外境影响、同于流俗而丧失自我独立性的人是本末倒置的人。具有自我独立性的人与此不同，他不受外界环境的影响，不卷入流俗之中，只是过自己的生活，像那个渔父那样，这就是“众人皆有余，我独遗”。“有余”指占有，“遗”是离开的意思，如《庄子》中讲的“遗物离人而立于独”（《田子方》）。

世人在攀比竞进中急躁不安（察察），而“独”者却淡漠不觉（闷闷）；世人顺着潮流涌向设定的目的（有以），而“独”者却不盲从于那“潮流”，只是应和着当下的境遇。这看似愚顽不灵，蔽固不通，不合时宜，但是，其中却隐含着玄达的境界。这种“独”者的行为在世人看来实在是一种“糊涂”，但是，这种“糊涂”是有如郑板桥所说“难得糊涂”的“糊涂”，所以说“若昏”。

前面讲过谭峭说“病在于增不在于损”，可以说至少从《老子》那个时候开始一直到今天，社会所得的病都是在于增，而且是越来越严重。在现代社会，表面上看似乎要比以往重视个体的独立自主，其实，现代人更多地被流行、时尚、新潮、舆论等所裹挟而更失个性。社会通过不断地刺激需求、拉动消费，使人的需求和消费越来越被社会所主宰，使个体越来越处于依从群体的地位。社会在不断地生产出丰富多样的产品供消费者选择的同时，也把人的生活尺度越来越吸引到对消费的单一追求，在表面的多样性下掩盖着实质的单一性。社会在不断发展技术的同时，也使人的生活越来越被技术所支配，人的生活世界越来越由负载着各种利益的点状信息所合成。在人的生活越来越机器化的同时，人也越来越共性化，要展现个体的独立自主也越来越难。所以，《老子》强调损，在今天比《老子》那个时代更需要损。

《老子》说："为学者日益，为道者日损。"（第 48 章）为学者力图通过不断增加知识和提高技能的水平，以提高人支配外物的能力，增加人所占有的财富，从而摆脱外物的约束。但是，增加能力和财富的结果只是改变了约束的界限范围，并不能缓解约束，就像是一个不断增胖的人，虽然不断地加大衣服的尺码，但是依然会被衣服紧紧地束缚住，不仅未能减轻束缚，而且要为不断变更的束缚而更多地耗费。所谓"为道者"，也就是法道、法自然的人，他也是要摆脱外物的限制，但是，不是通过不断地冲破约束的界限来实现摆脱限制的目的，而是通过不断地损去那些导致人与界限冲突的事情，以缓解界限的约束作用，这就是“为道者日损”。前面讲过，可以把富看作是需求或者欲求与满足需求或者欲求的东西的比值，人的需求或者欲求好比是分母，满足需求或者欲求的东西好比是分子。为学者的思路也可以说是不断增大（即日益）分子的值，为道者的思路则是逐渐减小（即日损）分母的值，虽然对于“不虑而欲”的需求来说，增加物质财富即增大分子的值非常重要，但是，如果不能减损“识而后感”的欲求，即减小分母的值，而是不断增大分母的值，那么就难以摆脱外物的约束。分母减小的极限是“不虑而欲”的需求，通过“损之又损”不断地趋于这极限，也就在不断地实现无为，“无为而无不为”，无不为意味着充分地敞开。

《庄子・天下》讲“人皆求福”，而老子只求“苟免于咎”。常人的思路是求其多福，《老子》的思路是取其少祸；常人的思路是无功即过，《老子》的思路是无过即功。按《老子》的思路来看，由于人的易犯过失性，能减少过失实在就是一种功劳，而追求建功立业的结果也许是或者可以说往往是增加过失，在今天的“功”带给明天的也许是或者可以说往往是“过”，所以《老子》说事情也许正是“损之而益，益之而损”（第42章），因求其多福而受害是“益之而损”，因取其少祸而得益是“损之而益”。

与减损关联的是俭约和简朴。

谭峭的《化书》中专门有一章讲“俭化”，说俭是“损之道”。谭峭对奢和俭做了对照，说“奢者好动，俭者好静；奢者好难，俭者好易；奢者好繁，俭者好简；奢者好逸乐，俭者好恬淡”。并说“自古及今，未有亡于俭者也”。从古至今，没有哪个朝代、哪个国家是因为俭而灭亡的。

所以，《老子》非常重视俭，讲“治人事天莫若啬”（第59章）。“啬”是俭约、少耗费的意思。《老子》认为，无论从事什么活动，少耗费都是最好的行为准则，无论人的精力还是自然资源，都要尽量少消耗。《老子》又讲要“去奢”（第29章），“去奢从约谓之俭”（皇侃:《论语义疏》）。《老子》把“俭”作为三宝之一，说“俭，故能广”（第67章）。“俭”既有节省的意思，也有节制的意思，“广”是四周没有墙壁的大殿，意谓“所通宏远”。只有俭，才能保持充分的敞开，才能保持其各种可能的向度，如果舍俭而取广，“则死矣”。《庄子·天下》说老子“以约为纪”，也就是以俭约为准则。无为、不得已都体现着俭。

在中国传统文化中，不仅道家讲俭，儒家也重视俭。孔子说“以约失之者鲜矣”（《论语·里仁》），即很少有因为俭约而犯过失的。儒家重视仁，讲“仁者爱人”，《礼记·表记》说“俭近仁”，孔颖达解释说：“俭近仁者，以俭不费用，无害于物，故近仁。”“无害于物”近乎扩充爱的感情，所以说近仁。《左传》说俭是“德之共”，侈是“恶之大”（见《庄公二十四年》），在这儿把德和恶相对讲，显然是指善，说俭是“德之共”，也就是说所有的善德都有俭的成分，所以，司马光说“有德者，皆由俭来”（《训俭示康》）。力行俭素重在养德，而不只是对财物的节省。南宋罗大经说：“奢则妄取苟求，志气卑辱。一从俭约，则于人无求，于己无愧，是可以养气也。”（《鹤林玉露》卷五）

谭峭说“奢者好难，俭者好易；奢者好繁，俭者好简”。人的生活本来并不繁复，只是由于人们“倦而无已”地攀比、追求奢华，人为地添设出许多复杂的内容，无谓地增添了许多麻烦。虽然生活越来越繁复，但是，并没有使生活更惬意，所以，道家主张“简生”（《文子·自然》）。陆机在《文赋》中说“夸目者尚奢，惬心者贵当”，生活也如同作文，要惬心，不在奢，而在当，即适当、恰当。和奢华相对的是素朴，《老子》说要“视素保朴”（第19章），即要看护好那素朴。《老子》在讲到其所理想的社会状态时说要“使民复结绳而用之”（第80章），这句话重在这个“复”字。上古无文字，结绳以记事，而《老子》说的是“复结绳而用之”，既是“复”，就说明不是没有文字可用以记事，而是由于生活简化，以至于用不着以繁复的文字来记事，用不着复杂的数字计算和烦琐的逻辑推理。按照这句话前面说的“有车舟，无所乘之；有甲兵，无所陈之”的句子形式，可以说这是“有文字，无所用之”。

儒家也主张简。《论语》中记载的子桑伯子是个道家类型的人，孔子对这个人的“简”表示一定程度的认可（见《论语·雍也》），虽然孔子的弟子仲弓认为子桑伯子“居简而行简”有些太简，主张“居敬而行简”，孔子也表示同意仲弓的看法。但是，讲“行简”还是表明了儒家对简的重视。《易传》讲“易简而天下之理得矣”（《系辞上》），韩康伯在《系辞注》中说“天地之道，不为而善始，不劳而善成，故曰易简”，孔颖达在《周易正义》中说“圣人能行天地易简之化，则天下万事之理，并得其宜矣”，“若不行易简，法令兹章，则物失其性也”。《礼记》讲“大乐必易，大礼必简”（《乐记》），礼乐教化要体现简易原则；《大戴礼记》讲“善政必简”（《子张问入官》），政事政务也要体现简易原则。“简易之义，贤人之业也”（马融：《长笛赋》）。

在古希腊，亚里士多德说，公民必须有一定数量的财产，以足够维持其素朴而宽裕的生活。[①] 生活要宽裕，而奢侈不可能使生活宽裕，所以亚里士多德说，“一切供应

① 参见［古希腊］亚里士多德：《政治学》，吴寿彭译，商务印书馆1965年版，第64页。

虽然宽裕但仍须节制”[①]。弗洛姆说，马克思认为奢侈和贫穷一样都是巨大的负担。按前面讲过的比值来说，消除贫穷要努力增加分子的值，满足人们的恒定需求；消除奢侈则要尽量限止分母的值，简化生活。既消除贫穷，也消除奢侈，才能摆脱物对人的束缚。支道林有诗云，“苟简为我养，逍遥使我闲”（《咏怀诗》）。“闲”即宽闲、从容。简朴所以自在从容。

古今中外的很多思想家主张减、俭、简，并不是要人们过贫苦日子。《老子》说“甘其食，美其服，乐其俗，安其居”（第 80 章），恒定需求得不到满足的贫苦日子绝不会甘美安乐。主张减、俭、简主要是要把耗费少和生活好结合起来，降低过好日子的“成本”，提高过好日子的“效率”。如果是追求越多越好，那么好日子只会一直被推延到将来，像那个劝说渔父的旅行者那样。虽然人们预设的总是不久的将来，但是，在得陇望蜀的过程中却成了长久的将来，成了挂在驴子脑门前的一根胡萝卜。

---

① ［古希腊］亚里士多德：《政治学》，吴寿彭译，商务印书馆 1965 年版，第 362 页。

四、无为而治

在治理社会上，《老子》和道家主张无为而治。

一个社会总是要有社会的治理者，不可能没有治理者，不是张三就是李四，不是这个组织就是那个组织。对于道家的人来说，不是要争着做治理者，而是尽量躲避做治理者。《庄子》中讲尧要把治理天下的位子让与许由，许由不接受，赶快逃走了（见《让王》、《外物》）。如果实在推不掉，那不得已，只好即位理政了，而理政的方式则是无为。《庄子》说："君子不得已而临莅天下，莫若无为。"（《在宥》）

（一）天下神器

《老子》和道家之所以主张无为而治，还是由于对人的能力的怀疑。前面说过，由于人的实践能力、认识能力都非常有限，远不足以把握变化的复杂情况，总是计划赶不上变化，所以《老子》和道家怀疑人能够通过积极有为的行动有计划地把社会的问题一步一步地解决了。萧公权先生说，老子“深信世乱之由，不在制度之不良，而在制度本身之不足为治”[①]。由于人的有限性，人没有能力构建一个“全”面解决人类社会各种问题的制度，人所构建的各种制度皆有其偏，皆有其失。伯林在谈到赫尔岑时说：赫尔岑相信人类不断出现的基本问题根本就无法解决，人类未来的问题和需要，解决和满足它们的办法，从原则上说是无法预知的，提前制定更是无从谈起。人类只能在自己所处的环境下尽力而为，没有任何先验因素能够保证他们会最终获胜。[②] 也就是说，任何一种设定的应当（yīng dāng），都解决不了人类不断出现的基本问题，人只能是在所处环境下尽力地应当（yìng dàng）。伏尔泰曾说，早上我制订诸多计划，于是一整天都尽干傻事。[③] 个体“有理性”地做事尚且如此，群体“无理性”地行动更是这样。任何一种设定的“合理”方案，经过群众的执行，都会面目全非，所以，人们在制订诸多计划以解决某些社会问题时，往往不可避免地会带出新的也许还更

---

① 萧公权：《中国政治思想史》，辽宁教育出版社 1998 年版，第 154 页。

② 参见［英］伯林：《反潮流：观念史论文集》，冯克利译，译林出版社 2002 年版，“序言”第 41 页。

③ 参见［德］恩斯特·卡西勒：《卢梭问题》，王春华译，译林出版社 2009 年版，第 59 页。

多更难的问题。维特根斯坦说："解决人们在生活中遇到的问题的途径，是以促使疑难问题消失的方式去生活。"①在《老子》和道家看来，促使人类社会疑难问题消失的最好办法就是尽量避免疑难问题的产生，避免疑难问题的产生的最佳途径就是尽量少事，所以，主张尽量减少人的作为。不图多作为多得福，但求少作为少取祸，即"不谓求以得有，罪以免欤"（第 62 章）。在道家这儿，政治家的智慧更多的不是以做什么来展现的，而是以不做什么来体现的，少做事则少犯傻，"少则得，多则惑"（第 22 章）。

《老子》说："将欲取天下而为之，吾见其弗得已。夫天下神器也，非可为者也。为者败之，执者失之。"（第 29 章）"取"是治理的意思，"为"即作为、营为，"弗得已"指不能达到目的。"神"指变化莫测，《易传》说"阴阳不测之谓神"（《系辞上》）。人类社会是一个非常复杂的巨大系统，神妙莫测，所以老子说"天下神器"。因为天下神妙莫测，人们难以预料它的运行和变化，所以任何谋求如何治理天下都是难以达到目的的。

从事物联系的复杂性来说，天下诸多事物交错盘结，相互影响，有时一个小小的事件也许就会引起社会巨大的变动，难以预料。在一首民谣中曾讲道："钉子缺，蹄铁

① ［英］路德维希·维特根斯坦：《文化和价值》，黄正东、唐少杰译，清华大学出版社 1987 年版，第 37 页。

卸；蹄铁卸，战马蹶；战马蹶，骑士绝；骑士绝，战事折；战事折，国家灭。”① 由钉子缺这个随机事件，经过一系列的正反馈，导致国家灭这个重大事件。《史记·吴太伯世家》记载：“初，楚边邑卑梁氏之处女与吴边邑之女争桑，二女家怒相灭。两国边邑长闻之，怒而相攻，灭吴之边邑。吴王怒，故遂伐楚，取两都而去。”由两个女孩儿争抢桑叶导致两个国家的战争。谁也难以料定在社会生活中哪个随机事件会被怎样放大，放大后将会产生什么样的后果，对社会进程将会造成什么样的影响。

从事物变化的可能性来看，未来是敞开的，有很多的可能性，究竟选择哪一种可能性更好，也是难以预料的。有些事情在今天看来是“正确”的选择，到明天再看可能就是不正确的；在今天看来对人有“好处”，到明天却可能产生一些不良的影响；到明天的明天，也许就会演变为一场灾难。企图以今天的目光为明天设定一个“美好”的目标，并强力去实现这个设定的目标就是为之、执之。执是宰制的意思。哈耶克说：“在我们竭尽全力自觉地根据一些崇高理想缔造我们的未来时，我们却在实际上不知不觉地创造出与我们一直为之奋斗的东西截然相反的结果。”② 在

① ［美］詹姆斯·格莱克：《混沌——开创新科学》，张淑誉译，上海译文出版社 1990 年版，第 25 页。

② ［英］哈耶克：《通往奴役之路》，王明毅等译，中国社会科学出版社 1997 年版，第 13—14 页。

今天看来是一个应当（yīng dāng）追求的“目标”，走到明天往往南辕北辙，这不正是为者败之，执者失之吗？所以《老子》说“圣人无为，故无败；无执，故无失”（第64章）。又说“取天下，恒无事。及其有事也，不足以取天下”（第48章）。无事不是说什么事也不做，而是不生事，不谋求，不宰制。

《老子》又说“治大国若烹小鲜”（第60章）。小鲜即小鱼。煮小鱼不能过多地翻动，否则就会弄烂了，治理一个国家也像煮小鱼一样，不能过多地变动，政令繁复多变，百姓不知所从，这样就搞乱了。政令措施简明易行则无须多变，南朝何承天说：“民用俭则易足，易足则力有余，力有余则情志泰，乐治之心于是生焉；事简则不扰，不扰则神明灵，神明灵则谋虑审，济治之务于是成焉。”（《达性论》）道家治理社会还是用得减、俭、简。

从无为而治的角度，《老子》把社会治理者（或统治者）分为四种：“太上，下知有之；其次，亲誉之；其次，畏之；其次，侮之。”（第17章）

在《老子》心目中，最好的治理者对社会不作任何人为的干涉，百姓都能顺其自然地生活。在《帝王世纪》中记载着一首据传为尧时的歌谣：“日出而作，日入而息，凿井而饮，耕田而食。帝何力于我哉？”治理者对百姓没有任何影响，处在百姓之上而百姓不知沉重，处在百姓之前而百姓不觉妨碍（见《老子》第66章），百姓除了在心里知道有个治理者（帝）之外，对治理者没有任何感觉，这就是“太上，下知有之”。

如果统治者努力地为百姓谋“幸福”，那么也许会获得百姓的爱戴和赞誉，即“亲誉之”。但是，由于统治者能力的有限性和百姓利益的多元复杂性，任何一类统治者都不可能给百姓带来全面的利益，往往是某一方面的“利”伴随着其他方面的不利，眼前的“利”蕴含着长远的非利，所以亲誉也就总伴随着怨毁，甚至于发展到不敬，即“侮之”。

如果统治者是通过一定的威力来使人们畏服，那就是“畏之”。但是，任何威力都会有相应的反抗作用，否则威力也就失去存在的意义了。《吕氏春秋·荡兵》说：“威也者，力也。民之有威力，性也。”在民众中像空气一样弥漫着巨大的力量，任何统治者的威力相对于这种力量都是微不足道的，所以，要想减小反作用力就需要减小作用力。如果想通过不断增大威力以使人们畏服，那只会造成压缩空气爆发般的结局，统治者的威力在民众那里不仅将毫无威慑作用，反而会成为人们轻慢戏弄的谈资，即“侮之”。《老子》说“民之不畏威，则大威将至矣”（第72章），只有统治者不挤迫百姓的生活，不阻塞百姓的生路，百姓才会不嫌弃统治者。

可见，无论是“亲誉之”还是“畏之”，其中都潜伏着“侮之”，所以，在《老子》看来，统治者既不必着意地为百姓谋“幸福”，也不可随意地使百姓受压迫，而是要“以百姓之心为心”（第49章），即以百姓的意愿为自己的意愿。由于百姓的意愿是多元复杂的，所以，以百姓的意愿为意愿也是全面的，各种抵牾矛盾的意愿全都汇聚在圣人（即理想的治理者）那里，而圣人并不以自己的意愿取舍，这叫“翕翕焉为天下浑心”（第49章）。“翕翕”即没有志向、没有愿望的样子。百姓各自都属意于自己认知范围的利益、价值等，圣人却以婴儿笑般的态度把这些都兼收并蓄（第49章：“百姓皆注其耳目焉，圣人皆孩之”），使诸多利益、价值在自然之调中平衡，即“民莫之令而自均焉”（第32章）。“均”即调的意思，“自均”即自己协调、自然协调。这样，虽然“成事遂功”，即实现了社会的治理，但是百姓却说“我自然也”（第17章）。

“莫之令”即莫令之，也就是没有什么人为的政令、法令、指示、教导之类的东西去规范指导人们这样那样，因为在自然的“调”中自有其法则。《老子》说“天之道，损有余而益不足”（第77章），这就是自然之调的法则。在中国古代，把治理社会比喻为调鼎、调饪、调羹等，非常重视调的作用，而调的原则是“济其不及，以泄其过”（《左传·昭公二十年》），这也是“损有余而益不足”。可见，圣人之调与自然之调是一致的，不需要在自然法则之外再另起炉灶，所以《老子》说“圣人居无为之事，行不言之教”（第2章）。这里的“言”即政令、法令、指示、教导之类的东西。

《礼记·缁衣》说：“王言如丝，其出如纶；王言如纶，其出如綍（fú）。”意思是说，统治者的言说，作为指令，在人们照此去做的过程中，往往会被越来越扩大，导致越来越大的事态，“其作始也简，其将毕也必巨”（《庄子·人间世》）。说出一个指令不难，但是，要控制行动按指令、按预设计划发展则很不容易，所以《老子》主张要“希言”（第23章），要“贵言”（第17章）。“希言”即尽量少发指令，“贵言”即不轻易出言。如果迫不得已非得有所指令，那么要非常慎重，即“犹兮其贵言”（第17章）。所言内容也只是对自然之调的重复，如“或命之，或呼属：视素保朴，少私寡欲”（第19章）。“命之”是告诫，“呼属”即嘱呼，“视素保朴”即看护好、养护好素朴的自然状态，“少私寡欲”即减少占有和贪欲。谭峭说“病在于增不在于损”（《化书·俭化》），相对于“增”之病而言，“所命之”、“所呼属”都只是对“损有余”（第77章）的强调，是“辅万物之自然”（第64章），而不是人为设定。

（二）虚心实腹

《老子》第3章讲：“不尚贤，使民不争；不贵难得之货，使民不为盗；不见（xiàn）可欲，使民不乱。是以圣人之治也：虚其心，实其腹，弱其志，强其骨。恒使民无知无欲也。使夫知不敢、弗为而已，则无不治矣。”

“不尚贤”指不崇尚美善。河上公注说：“不尚者，不贵之以禄，不尊之以官也。”《老子》不主张通过崇尚美善来引导人们的行动，因为无论统治者崇尚什么，目的都是要使所崇尚的内容在社会中推行开来，而推行主要是对并非真心愿意那样做的人来讲，对于真心愿意那样做的人来说，不需要通过崇尚推行才那样做。所以，无论崇尚什么，在推行时都往往会饵之以利，诱之以名，贵之以禄，尊之以官，在官禄名利的诱导下，人们纷纷在追求“美善”的名义下争名夺利。清代章学诚说：“世俗风尚，必有所偏，达人显贵之所主持，聪明才俊之所奔赴，其中流弊必不在小。”(《上钱辛楣》)达人显贵之所主持即统治者的倡导，聪明才俊之所奔赴即趋利者的趋附。

《墨子》讲“昔者楚灵王好士细要，故灵王之臣，皆以一饭为节，胁息然后带，扶墙然后起”(《兼爱中》)，有人虽然不愿意受饿，但是，由于腰细能得名利，所以还是忍受着饿的痛苦，把自己的腰饿细了。这还是一种通过真实的行为去趋利。更有甚者，则是投机钻营，弄虚作假。《抱朴子外篇》中记载“举秀才，不知书；察孝廉，父别居。寒素清白浊如泥，高第良将怯如鸡”(《审举》)。

秀才、孝廉、寒素等都是汉代举士的科目，目的是要把德才优异的人选拔出来，但是，由于复杂的利益纠缠和驱动，结果选出的秀才不知书，考察的孝廉父别居，污浊如泥的人冒充寒素清白，胆怯如鸡的人成了考核优异的良将。回头看看历史上所倡导过的东西，少有崇尚美善而不导致丑恶的。要避免由崇尚美善导致丑恶，最好的办法就是不崇尚美善。据说英国女王安娜有一次参观著名的格林威治天文台，当她得知天文学家们的薪金很低时，表示要给他们加薪，可是天文学家们恳求女王千万别这样做。他们说，如果这个职位一旦可以带来高收入，那么以后到天文台来工作的将不是天文学家而是一些混子了。

“不贵难得之货”指不崇尚难得之货。“使民不为盗”的“盗”指以不正当的手段谋取，不仅仅指盗窃财物，诸如窃位、盗名、偷荣、剽窃等等都是盗。《老子》又说“难得之货使人行妨”（第 12 章），“行妨”指行为败坏；说“法物滋章，盗贼多有”（第 57 章），“法物”指人们崇尚的东西。凡是人们通过不正当的手段去谋取的东西，没有一样是大家普遍容易获得的，没有一样不是人们所推崇的。就货物而言，按说，随着生产力水平的提高，人类社会有能力使得满足人们恒定需求的生活资料普遍的容易获得，使得人们都不会通过不正当的手段去谋取而能各足所需。据说德国社会民主党 1989 年的纲领要求以最小量的劳动、资本和资源去获得尽可能小量但又具有高度的使用价值和耐用性的货物[1]，随着生产力的发展，人们获得这样的货物会越来越容易，从而能够越来越容易地满足人们的恒定需求。但是，如果是没有需求刺激需求，没有消费拉动消费，则往往重视货物的符号价值，崇尚难得之货。“当人们都具有了某种物品以后，这件物品就失去了价值，而唯有那些只有少数人占有的物品才是高贵的，才值得人们去追求”[2]。这样的价值观念和心理状态导致不断地生产新的难得之货，“每个人都力图创造出一种支配他人的、异己的本质力量，以便从这里面获得他自己的利己需求的满足……而每一种新产品都是产生相互欺骗和相互掠夺的新的潜在力量”[3]。

“不见可欲”的“可欲”指可以引起贪欲的事物，像贤、难得之货都是可以引起贪欲的事。“见”（xiàn）是彰显的意思，像尚贤、贵难得之货都是彰显可欲。《老子》在讲了不尚贤、不贵难得之货之后，再讲不彰显任何可以引起人们贪欲的事物作为补充，涉及面更加宽泛。争、盗都是乱，而乱所包含的内容要更多些，像社会中的各种热、各种潮，像经济危机、生态危机等，都是乱的

---

① 参见俞吾金、陈学明：《国外马克思主义哲学流派新编》，复旦大学出版社 2002 年版，第 610 页。

② 俞吾金、陈学明：《国外马克思主义哲学流派新编》，复旦大学出版社 2002 年版，第 610 页。

③ 《马克思恩格斯文集》第 1 卷，人民出版社 2009 年版，第 223—224 页。

表现。

我们曾多次讲到过嵇康的一段话："不虑而欲，性之动也；识而后感，智之用也。性动者，遇物而当，足则无余；智用者，从感而求，倦而无已。故世之所患，祸之所由，常在于智用，不在于性动。"(《答难养生论》)尚贤、贵难得之货、彰显可欲，都是使人"从感而求，倦而无已"，导致争、盗、乱。前面讲过攀比的问题。攀比具有很大的社会强加性，经常听到有人说，并不愿意攀比，但是在社会中人们就是以财富、地位等来评价人的价值，没办法，不得不跟着走。所以，从个体讲，要尽量避免"丧己于物，失性于俗"(《庄子·缮性》)；从社会讲，要尽量减缓攀比的社会强加性。《老子》说不尚贤、不贵难得之货、不见可欲，就是意在减缓"从感而求，倦而无已"的现象，减缓攀比的社会强加性。

《老子》说圣人之治是要"虚其心，实其腹，弱其志，强其骨"，"心"指谋虑，"志"指欲念。"实其腹、强其骨"是要满足"不虑而欲"的需求，满足恒定需求，使人健康地生存。"虚其心、弱其志"是要弱化"识而后感"的欲念，使相对需求丧失其存在的必要条件。在另一处《老子》又说圣人之治是要"为腹而不为目"(第12章)，"腹"和"目"表示人类生活的两种不同的需要，腹对应"不虑而欲"，目对应"识而后感"。在《老子》中只讲了这两次"圣人之治"，可以看出《老子》对

"腹"和"目"问题的重视。《老子》还说要"绝智弃辩"、"绝巧弃利"、"绝伪弃虑"（第19章）。在这儿，智是谋算，辩是会说，巧是巧取，利是贪得，伪是不实在，虑是要心思。虚心、弱志、不为目，以及种种弃、绝都是减损，通过减损"使民无知（智）无欲"。这儿的知（智）即"智之用"的智，欲就是"从感而求，倦而无已"。《老子》说："以知（智）知邦，邦之贼也；以不知（智）知邦，邦之德也。"（第65章）"知邦"即治理国家，贼即祸，德即福。智之用是世之所患，祸之所由，所以说"邦之贼"。前面讲过陆机在《文赋》中说"夸目者尚奢，惬心者贵当"，移用到生活中来讲，惬心是人自己的称心和舒服，只求通过适当的方式来满足恒定需求，遇物而当，足则无余，所以贵当。夸目是在人前的显示和炫耀，这就得不断地追求那些只有少数人占有的难得之货，以出人头地，所以尚奢。如果说从个体的角度看，尚奢还有点使个体展示其出人头地的"成就"的意义的话，那么，从群体的角度看，尚奢只能是群体的悲剧，其中包括有"成就"的个体。要避免这悲剧，就得避免智之用，以不智治理社会，不使民众沉沦于"从感而求，倦而无已"之中，这才是群体之福。

《老子》说"使夫知不敢、弗为而已，则无不治矣"（第3章）。在《老子》看来，治理社会只需要让民众知晓不敢、弗为这两点，按这两点做就行了，就没有治理不好的。弗为也就是无为，没有民众的无为是做不到无为而治的。不敢即不触犯、不危害他人的利益。“他人”指所有的其他人，不只是指当下“在场”的人，也应该包括“不在场”的未来的人。J.里夫金和T.霍华德说，古希腊人的理想就是把一个“变化”尽量少一些的世界传给后代。① 中国传统文化重视应变，而不是求变，其中也蕴含着类似的看法。只有尽量少作为，才能尽量少变化，才能尽量避免触犯、危害他人（包括未来的人）的利益。

敢和勇是有区别的。勇是一种品德，有力量、有胆量；敢是一种有力量、有胆量的行为。孔子说“有勇而无义为乱”（《论语·阳货》），“勇而无礼则乱”（《论语·泰伯》），无义是不适度，无礼是无节制，有勇无礼、有勇无义就会无节制、不适度地凭力量、胆量行动，触犯、危害他人的利益，这就成为敢了。《老子》主张要有勇，但是不主张敢。《老子》说：“勇于敢则杀，勇于不敢则活。”（第73章）凭借力量、胆量去触犯、危害他人的利益，必然会导致社会的动乱，导致人们彼此相互伤害，所以说“勇于敢则杀”。《老子》又说“慈，故能勇”（第67章），勇要以恻隐怜人为前提条件，这样的勇不会触犯、不会危害他人的利益，但是不失力量和胆量。像前面讲过的具有独立性的人，“众人皆有余，我独遗”

① 参见［美］杰里米·里夫金、特德·霍华德：《熵：一种新的世界观》，吕明、袁舟译，上海译文出版社1987年版，第9页。

（第 20 章），“遗物离人而立于独”（《庄子 · 田子方》），就表现出力量和胆量。如果“舍其慈，且勇……则死矣”（第 67 章），舍慈且勇就是没有以慈为前提条件的勇，就会勇于敢，勇于敢则杀。

《老子》说“治人事天莫若啬”（第 59 章）。啬即俭约、少耗费，无论从事什么活动，少耗费都是最好的行为准则，无论人的精力还是自然资源，都要尽量少消耗。孔颖达在解释《礼记 · 表记》“俭近仁”时说：“俭近仁者，以俭不费用，无害于物，故近仁。”由于“俭不费用”，所以“无害于物”，这也就是慈。不费用当然不会尚奢，无害于物当然不会触犯、危害他人的利益。

（三）小邦寡民

《老子》第 80 章描述了一种无为而治下的社会状况。《老子》说：“小邦寡民。使十百人之器毋用。使民重死而远（yuàn）徙。有车舟，无所乘之；有甲兵，无所陈之。使民复结绳而用之。甘其食，美其服，乐其俗，安其居。邻邦相望，鸡犬之声相闻，民至老死不相往来。”

“小邦寡民”的小、寡在这儿都是用作动词。“小邦寡民”的意思是，使国家小一些，使人口少一些。小到什么程度呢？小到“邻邦相望，鸡犬之声相闻”。这主要是强调生成一种因 X 制宜的生存之境。常言说靠山吃山，靠水吃水，一方水土养一方人，就是因 X 制宜的生存之境。《礼记》讲“居山以鱼鳖为礼，居泽以鹿豕为礼，君子谓之不知礼”（《礼器》），不只礼是这样，整个生活都是这样。“遇物而当，足则无余”不需要地大物博；人口少，“从感而求，倦而无已”的现象也相对较轻。

“十百人之器”指功效十倍于、百倍于人工的工具。由于遇物而当，足则无余，耗费少，不需要用功效十倍于、百倍于人工的工具。在不是“够了就行”而是“越多越好”这样的观念的支配下，工具越精良，越会导致“从感而求，倦而无已”的现象，所以《老子》说“民多利器，而邦滋昏”（第 57 章）。利器即精良的工具，滋昏即更加昏乱。以前有一个笑话，说一个非常贫苦的人一生都虔诚地供奉吕祖（吕洞宾），吕祖被他的诚意所感动，一天忽然降临他家，看见他家十分贫穷，非常同情，于是伸出一根手指，指向他家院中的一块大石头，石头很快变成了黄金。吕祖问那人说，你还想要吗？那人拜了两下回答说，不想要了。吕祖很高兴，说你能这样，是因为你没有贪爱的念头，可以传授给你成仙之道了。那人说，不是这样，我不是没有贪念，我是想要你的手指头。吕祖忽地一下就不见了。我们来看，假如那人随着吕祖学成仙，那么，成了仙自然也就有了点石成金的手指头。但是，神仙点石成金的限度是够了就行，神仙虽然有点石成金的能力，但是不会不断地把石头变成金子。那人不想学成仙却想要点石成金的手指头，为的是不断地点石成金，越多越好。吕祖自然不会让他有这点石成金的手指头，所以倏然而去。在希腊神话中也有类似的故事。佛律癸亚王弥达斯贪恋财富，求神赐给他点物成金的法术，于是酒神狄俄尼索斯把点金术传给了他。弥达斯得到点金术后就到处点金，甚至把女儿和食物也都点成了金子。这样无法生活，弥达斯只好再次向神祈祷，一切才恢复原状。上述故事告诉我们，没有够了就行的限度而有越来越强的获取财富的能力，并非幸事。

“重死”即看重生命。《老子》说：“名与身孰亲？身与货孰多？得与亡孰病？”（第 44 章）名声与生命哪个更值得珍爱？生命与财物哪个更值得重视？求取名利与丧失生命哪个更令人忧虑？对这些问题，人们似乎都挺清楚，但是，当遇到追名逐利的时候，人们却会“危身伤生刈颈断头以徇利”（《吕氏春秋·审为》），这就是不“重死”。

《老子》和先秦道家对生死持自然的态度。《老子》说“出生，入死”（第 50 章），《庄子》说“人生天地之间……注然勃然，莫不出焉；油然漻然，莫不入焉。已化而生，又化而死”（《知北游》）。注、勃是出生的样子，油、漻是入死的样子。生死都是一个自然的变化过程，所以，《庄子》又说“古之真人，不知说（悦）生，不知恶死；其出不欣，其入不距（拒）”（《大宗师》），既不悦生，也不恶死，生而不喜，死而不拒。陶渊明《形影神》诗中讲“纵浪大化中，不喜亦不惧。应尽便须尽，无复独多虑”，最能反映这种生死观。但是，不悦生不等于说厌恶生，不拒死不等于说喜欢死，生死都一任其自然，既不以人为延生，也不因人为致死。《老子》说“益生曰祥”（第55章），“益生”就是想通过人为而延长生命，“祥”在这儿是灾殃的意思。今天人类社会的不少问题，不能不说与刻意地追求延长生命有关。《老子》又说“强梁者不得其死”（第42章），“强梁”就是勇悍，或者说就是“勇于敢”，“不得其死”指不能自然地完结生命过程。《老子》说“使民重死”就是在这个意义上说的。重死并不是要想方设法抵制死，那叫“益生”。重死也就是不轻死。《老子》说“民之轻死，以其求生之厚也”（第75章），“生”在这儿指财产、财业，“求生之厚”指谋求丰厚的财业。在上者谋求丰厚的财业，在下者自然会奔赴效仿，进而必定导致勇于敢，“勇于敢则杀”，所以不得其死。

远（yuàn）是离开、避免的意思。徙即迁移。以前可能由于人们没有把“远”理解为动词，而把“远徙”理解为远距离迁移，但是又觉得这和“小邦寡民”不一致，所以，后来的世传本就把“远徙”变成“不远（yuǎn）徙”了。可是，不远徙并不排除近徙，近徙同样是徙，而且距离的远近具有相对性，多长的距离就是远，多短的距离就是近呢？后来出土了马王堆帛书本，人们发现原来是“远徙”，也就是避免迁移。

迁移往往是因为人对自己的居处环境不满意，而对居处环境的不满意又往往因为居处环境不能满足人的生活需求，或者人认为居处环境不能满足自己的生活需求。需求有恒定需求和相对需求之分，因此，迁移也有应变之徙和求变之徙的区别。如果居处环境不能使人实现遇物而当，满足人的恒定需求，或者原来能够满足后来由于环境的变化不能满足了，当然需要迁移；而如果是因相对需求的扩张而追求的迁移，在《老子》看来则需要避免。迁移还有身之迁移和心之迁移的区别，识而后感，从感而求，是心之迁移，即把自己生活价值的尺度迁移到别人的价值坐标上，很多身之迁移往往由心之迁移所导致，由此而不断地徙、徙、徙，倦而无已。“小邦寡民”的社会避免这种现象。

由于“远徙”，所以“有车舟，无所乘之”；由于“重死”，所以“有甲兵，无所陈之”。甲兵指武器，陈是陈列、使用的意思。在这儿，《老子》说有舟车甲兵，这不同于原本没有舟车甲兵的时代。老子生活在春秋战国之际，正值列强竞雄、诸侯称霸的时代，亲眼目睹战争给百姓带来巨大的祸患，所以，不主张以武力称霸，强调“不以兵强于天下”（第30章），以避免战争。

战争是政治的集中表现，而一切政治斗争归根结底又都是围绕着物质利益展开的，之所以会“以兵强于天下”，归根结底，主要还是个物质利益问题。所以，要实现“不以兵强于天下”，就得要解决物质利益问题。解决物质利益问题首要的是解决人的恒定需求的问题，这个问题随着生产力的发展越来越容易解决，难以解决的是相对需求的问题。如果说在生产力水平相对较低时，由于解决恒定需求的问题也会产生一些争斗，那么，随着生产力的发展，满足相对需求越来越成了以战争为极端手段的角逐争斗的主要原因。战争对人类有百害而无一利，所以《老子》说“兵者不祥之器也”（第 31 章）。《老子》讲小邦寡民，讲重死远徙，讲不相往来等，都是想消除角逐争斗的原因，使甲兵无所陈之。

当然，《老子》并不一味地反战，当有人挑起争战时，《老子》还是主张要应战的，并且力求在争战中取胜，但这是“不得已而用之”（第 31 章）的无奈之举，并不是以此逞强和夸耀，所以说“善者果而已，不以取强。果而勿骄，果而勿矜，果而勿伐，果而毋得已居”（第 30 章）。“果”在这儿是胜的意思，“果而已”即胜而止。骄、矜、伐都是夸耀。“毋得已居”即不得已而为之。所以，要怀着悲情看待战争中的胜利，“战胜，以丧礼处之”（第 31 章），因为在任何战争中的任何胜利都是个别群体的胜利、人类整体的悲剧，从人类整体来看，任何战争中都没有胜利者。如果说从某个国家、民族、阶级、政党等群体的角度讲，战争尚可有“正义”和“非正义”的区分的话，那么从人类整体来说，所有的战争都是非正义的，小方向的“正义”不能改变大方向的非正义的性质。

再看“使民复结绳而用之”一句。传说上古无文字，结绳以记事。但是，这儿既是说“复”，就说明不是没有文字可用以记事，而是由于生活的简化，不需要以文字来记事了。人的生活本来是简单的，只是由于在“识而后感”的过程中不断地生出许多复杂的需求，并且误以为只有满足了这些复杂的需求才能幸福和欢乐，因此，“从感而求，倦而无已”，不仅未能满足水涨船高的复杂需求，而且无谓地增添了许多得陇望蜀的焦虑和烦恼。所以，老子主张减损、俭约、简朴，提出“治人事天莫若啬”（第59章）的主张，以恢复人的生活的简单性。简单化的生活不需要数字化的复杂计算和概念化的烦琐推理，所以说“复结绳而用之”，其中所隐含的意思是“有文字，无所用之”。不能把“复结绳而用之”简单地理解为恢复结绳记事这样的行为。

“甘其食，美其服，乐其俗，安其居”中的甘、美、乐、安都用作动词，而要点在那个“其”字上。郭象在《庄子注》中说“适故常甘，当故常美”（《胠箧注》），个体“不虑而欲”的需求能够“遇物而当，足则无余”，则称心舒适，不需要把自己安乐甘美的尺度放在别人的坐标上。如果是“识而后感”，那就是“甘人食，美人服，乐人俗，安人居”，“从感而求，倦而无已”。《庄子》说：“夫不自见而见彼，不自得而得彼者，是得人之得而不自得其得者也，适人之适而不自适其适者也。”（《骈拇》）得、适都是得宜的意思。得人之得、适人之适是以人家的光景过自家的日子，犹如以别人的尺码做自己的衣着，难得惬心。

“邻邦相望，鸡犬之声相闻，民至老死不相往来”这句话的深层意思是，在因X制宜的生存之境，每个个体和群体都在生存过程中生成自己的安乐甘美，虽然彼此相望相闻，但是，各自只求惬心，不求夸目，保持着彼此的独立，互不干涉，和平共处。不能简单地把“不相往来”理解为没有任何形式的交往。

20世纪70年代，英国人罗宾·克拉克倡导替代技术，提倡创造适合本国和本地自然和历史情况的独立性技术，最小限度地使用不可再生能源，最小限度地干扰环境，在地区或小区域内自给自足。这种观点可以说和《老子》的“小邦寡民”之说有类似之处。

“小邦寡民”之说是《老子》在其当时的历史条件和认知背景下提出的一种社会理想，在《老子》那里，似乎天下或者说世界应该是寡民小邦的集合体。这种集合体当然是个乌有之乡，但是，乌有之乡的意义本来就不是要使之成为现实，任何想把美好理想变成现实的结果都会事与愿违。乌托邦的意义在于其对现存社会病症的批判，是一种扶醉汉之举。

《老子》的无为（包括无为而治）的思想具有消极性。有的人批评其消极，有的人则总想为其解释出积极的意义来，以反对批评。二者的共同点是，都认为消极“不好”。其实，不必回避《老子》思想的消极性，同时，也不可抽象地评价积极和消极的优与劣。无论积极还是消极，都是随时补救的“药”，所以，既不可一味地消极，也不可一味地积极，而是要对症下药。人和社会越是积极，《老子》思想的消极性的意义也就越大。

五、《老子》的思想方法特征

（一）阴阳冲和

在中国古代，人们多用阴和阳这两个字来表示既相互对立又相互依存的两个方面，这个思想至少可以追溯到《周易》。《周易》的卦由⚊和⚋两个符号排列构成，虽然最初并没有将这两个符号称为阳爻和阴爻，但是，其中所包含的对立面的相互配合的内容对后世的影响非常深远，中国人的思维受这两个符号的影响很大。

阴、阳这两个字都从“阜”，最初指的是地理方位，向阳为阳，背阳为阴，向阳和背阳是既相对立又相依存的两面。后来，阴阳逐渐演变成既相互对立又相互依存的两种事物、两种现象、两种性质、两种力量、两种趋势等。在《老子》之前，就已经有人在这种意义上使用阴、阳两字，《老子》则进一步将其普遍化。《老子》说：“道生一，一生二，二生三，三生万物。万物负阴而抱阳，冲气以为和。”（第 41 章，见世传本第 42 章）这样，就把对反互补概括为所有事物都具有的性质。在《老子》中，讲到许多既相对又相依的概念，如：有和无、雌和雄（牝和牡）、白和辱（黑）、动和静、冲和盈、虚和实、启和阖（张和翕）、轻和重、寒和热、刚和柔、强和弱、损和益、进和退、明和昧、生和死、长和短、高和下、先和后、曲（偏）和全、枉和正（屈和直）、多和少、新和敝（旧）、智和愚、巧和拙、难和易、利和害、福和祸、贵和贱、亲和疏、美和恶（丑）等，这些内容涉及天文、地理和人世间的许多方面。

矛盾双方的对立和依存并不是双方泾渭分明各守阵地，而是双方相互渗透贯通、彼此起伏消长的过程，在《老子》这儿把这叫作“冲”。后来人们常见的太极图很能体现这一点，在太极图中，阴阳是纠缠涌动在一起的。

前面说过，在《老子》中，凡是涉及道的“生”都是显的意思，因为道“独立而不改”（第 25 章），没有对待，没有外，所以，“道生一，一生二，二生三，三生万物”不是说像母亲生孩子似的，道生出个一，一生出个二，二生出个三，三生出万物，如果那样的话，道就有外了，就有对待了。“道生一，一生二，二生三，三生万物”是说道显现为一、二、三以及显现为万物，一、二、三以及万物都是从不同的层面显现道。在前面多次引用过裴頠说的“总混群本，宗极之道”（《崇有论》）这句话，道是万物“混而为一”（第14章），从浑全而言为道，从分散而言为万物。这样，“万物负阴而抱阳，冲气以为和”也就有了不同层面的意思。一方面，就万物讲，所有的事物都是矛盾体——在诸多既相互排斥又相互依存的对立面的相互激荡中形成的统一体；另一方面，万物“混而为一”的道也有阴阳冲和的性质，用《易传》中的话讲，叫“一阴一阳之谓道”（《系辞上》），所以说“一生二”。“一阴一阳之谓道”中的阴和阳指无数矛盾对立的共同性质，《老子》称为“气”。在无数矛盾的纠结交通中形成统一体即“冲气以为和”，这叫作“二生三”。这个“三”包含着万物之间的全部关系，正是这些关系，使万物“混而为一”。

这个“三”其实还是那个“一”，但是与“一”又有所不同。在前面讲道的时候曾说道不可名，所以，道也就无名。说道无名不是由于道空洞而无可名，而是由于道太丰富而不能名，因此，《老子》又提出有名与无名相辅，以区别于空洞无物的无可名。《老子》说“无名，万物之始也；有名，万物之母也”（第1章）。“始”意指浑然一体，“母”意指包罗万象。《尹文子》说“大道不称，众有必名”（《大道上》），从浑全而言，道由于不可名而无名，但是从分散而言，万象庶类互有区别，各有其性，这可以通过“名”来分辨，因而，可以说有多少（事）

物也就有多少名。这样，“一”对应浑然一体的“始”，“三”对应包罗万象的“母”。《老子》说“惚兮恍兮，中有象兮；恍兮惚兮，中有物兮；窈兮冥兮，中有情兮。其情甚真，其中有信”（第21章）。惚恍是混沌模糊，窈冥是幽深不明，物、象指万物显现，情、信指事物之间相感而动、择乎厥宜的态势。这样，“一”对应惚兮恍兮、窈兮冥兮，“三”对应有象有物、有情有信。

“三”是包含着阴阳相冲的“一”，之所以不只是讲“一”，还要讲“三”，就是要体现那“冲”。“冲”是对立面的相互激荡，所有的事物都是在诸多对反互补的两个方面相互激荡中显现，没有“冲”就没有物，所以，“冲”是万“物”之魂。无数矛盾的纠结交通使万物混而为一，所以，“冲”也是道之魂。

《淮南子》说“阴阳相接，乃能成和”，又说“和者阴阳调”（《氾论训》）。“和”是阴阳或者说是既相互排斥又相互依存的对立双方在“冲”中形成的协调状态，所以说“冲气以为和”。《老子》以“和”为“常”（见第55章），“常”有不变的意思，又有正常的意思。道“独立而不改”，没有变化，总是正常。对于具体事物来说，只有矛盾对立面协调，才能保持其质的稳定性，才能不变质。《礼记·郊特牲》说“阴阳和而万物得”，“得”指得宜，矛盾对立面协调，事物才能得其所宜，得其所宜即正常状态，而正常状态是一种稳定状态。《黄帝内经·

素问》说“阴阳乖戾，疾病乃起”（《生气通天论》），阴阳不和就不健康，事物的情况就不正常，事物的状态就不稳定，就会导致矛盾统一体的解体。

“和者阴阳调”中的“调”，更多的是作为动词。人们常说调和，可以说，所有的和都是调出来的，没有调就没有和。“和”也可以理解成动词。《国语·郑语》讲“以他平他谓之和”，矛盾对立双方互为“他”，“以他平他”就是对立双方相互作用，互相使对方在统一体中适度。前面说过自然之道的调是“损有余而益不足”（第77章），矛盾统一体中对立双方的以他平他就是彼此损有余而益不足，纠正稳定状态的偏离。由于世人往往是“损不足而奉有余”（第77章），所以《老子》说要“取奉于天”，即效法自然之调，“济其不及，以泄其过”（《左传·昭公二十年》），“补其不足，泻其有余”（《黄帝内经灵枢·邪客》）。这并不是在自然之调之外另起炉灶，而是“法自然”（第25章），是“辅万物之自然”（第64章）。

调和是消“极”的，不是积“极”的。《老子》说“持而盈之，不若其已”（第9章），不主张通过不断地“积”以达到盈满的极点，而是要休止对盈满的追求，要“不欲盈”（第15章）。《周易》《乾》卦上九的爻辞是“亢龙有悔”，《易传·文言》说“亢之为言也，知进而不知退，知存而不知亡，知得而不知丧”，因此而有过失，会有“穷之灾”。这是由于没有节制地积“极”导致的。要避免或者改正过失，就要消“极”。《老子》说“功遂身退”（第9章），就是一种消“极”的表现，说“去甚、去泰、去奢”（第29章）都是在消“极”。章学诚说“世俗风尚，必有所偏……苟欲有所救挽，则必逆于时趋”（《上钱辛楣》）。社会中的各种“热”、各种“潮”都极易将事情推到极端，所以，逆于时趋也是一种消“极”。当然，消“极”又是以积“极”为前提的，如果没有积“极”，那么也就没有消“极”的问题了。

控制论、系统论中讲反馈，指把系统输出再回输到原系统中的过程。反馈分为正反馈和负反馈，所谓“正反馈”是指在回输过程中对系统输出时出现的偏离现象进行放大，使系统越来越远离原来的状态；所谓“负反馈”是指在回输过程中对系统输出时出现的偏离现象进行纠正，使系统维持相对稳定的状态。借用“反馈”这个术语，可以说调和是“负反馈性”的，不是“正反馈性”的。“损有余而益不足”是负反馈性的，“损不足而奉有余”是正反馈性的；消“极”是负反馈性的，积“极”是正反馈性的。但是，所谓“维持相对稳定的状态”又不是将某种既成状态僵化不变，而需要不断地应对处境的变化，在应（yìng）中求当（dàng），在因X中制宜，所以，在调和中包含着对正反馈性的回应。

梁漱溟先生说，中国人“深信唯调和为最稳妥、最能长久不败之道"[①]。中国传统文化非常重视调和的意义，可以说，所谓中国传统（包括《老子》）的"辩证法"的重点就在这调和上，中国传统的"辩证法"是"操作"的，不是"概念"的。

中国传统文化对善恶美丑的价值评价往往与调和有关，也是"操作"的，不是"概念"的；是"关系"的，不是"性质"的。《老子》说："天下皆知美之为美，恶已；皆知善，斯不善已。"（第2章）这儿的知美、知善指注重于认知上的识别，诸如这是善行，那是美德等。《老子》认为这种概念化的识别本身就不美不善。程颢说"谓之恶者非本恶，但或过或不及便如此"[②]，反过来讲，无过无不及则善，适度则无恶。当然，这又涉及语言表述的局限，说不美不善，说或过或不及就是在识别，所以，还是要得意忘言，避免意和言过多地纠缠。

对是非的评价也是如此。《淮南子》讲"是非有处。得其处则无非，失其处则无是"（《氾论训》）。所谓的"处"也就是"因X制宜"中的那"X"，"得其处"也就是"制"得那"宜"。中国传统文化不突出对真"本身"的追求，而是"即物而真"[③]，在人的活动中生成"真"。在中国传统文化中，实事求是与因事（X）制宜是一致

① 梁漱溟：《中国文化要义》，学林出版社1987年版，第208页。
② 《二程集》，中华书局1981年版，第14页。
③ 《胡宏集》，中华书局1987年版，第13页。

的，在人的活动中制出“宜”，也就是在人的活动中生成“是”。

（二）复归于朴

讲“复归”是《老子》思想的重要特征。

《老子》说：“返也者，道之动也；弱也者，道之用也”。（第 41 章，见世传本第 40 章）“返”有返归、往返的意思，“弱”在这儿是“削成者以益生者”（《郭店楚简·太一生水》）的意思。前面说过，道是万物“混而为一”，从“宗极之道”讲，其“独立而不改”，没有变化；从“总混群本”讲，其“周行而不殆”（世传本第 25 章），是一团“变”。这一团“变”其实是全部有限事物的生死（显隐）过程。《老子》说“出生，入死”（第 50 章），即出为生、入为死，从物的角度讲，任何有限的事物都会在道的“舞台”上走个过场，上场、下场。“削成者”即不断有已出场者下场，“益生者”即不断有未出场者上场。芸芸众物这样牵缠连绵地出入往返，构成“道之动”。但是，对于道来说，没有已下场的和未上场的，万物都在“场”，所以虽然众物“周行”，但是道却“不改”。

《老子》第 16 章中说：“万物旁作，居以须复也。天道员员（yùn yùn），各复其根。归根曰静。静曰复命。

复命，常也。”对于任何有限的事物而言，“总混群本”的“宗极之道”都是“在先”的，所以说“有牗混成，先天地生”（第 25 章）。这“混成”惚兮恍兮、窈兮冥兮，但是，又有象有物、有情有信（见第 21 章）。“情”是事物之间相感而动的态势，万物因情而现“象”，从道的角度讲，即“道……生万物”，从物的角度讲，是“万物旁作”，即万物都产生出来。“信”是事物变化的确定性，对于任何有限的事物来说，其出生都是一团的遇合，是越来越有了确定性，而一旦出生，则必然会死，所以《列子》说“凡生之难遇而死之易及”（《杨朱》）。相继发生的各种事物都会“复归于无物”（第 14 章），从道的角度讲，是“居以须复”；从物的角度讲，是“各复其根”。往返不穷地发生与复归即“员员”，这也是“周行而不殆”的意思。所谓“归根”也就是事物完成了其上场“表演”的使命而下场静息，所以说“归根曰静。静曰复命”。这样的“复”具有必然性，所以说“复命，常也”。这样，道和万物的关系是这样的：总混群本，宗极之道——道生万物，居以须复——万物旁作，各复其根。这些过程都是纠缠在一起的，对道来说，不存在先后“阶段”的问题。

《老子》又说：“知常，明也。不知常，妄。妄作，凶。”（第 16 章）这是针对人来说的，其他事物都是自然地发生和复归，没有知常不知常的问题。人如果能够明智地对待“复”的必然性，那就是“知常”，就是“明”。反之，如果不能明智地对待“复”，那就是“妄”。如果“妄作”，即由于不明智而恣意胡为，那么就会凶。《庄子·大宗师》中有一个寓言故事，说如果一个铁匠正在铸造金属器物，那炉中的金属忽然跳起来说“必须把我铸成镆铘宝剑”，铁匠一定会认为这是一块不吉祥的金属。对人来说也是一样的道理，人的出生只是自然造化随机地将一团遇合“铸造”成人，如果一旦成为人就想一直做人，那就是妄作，妄作则不吉祥。《庄子·至乐》中讲，庄子的妻子死了，惠施前去吊唁，看到庄子正张开两腿坐在那儿敲着盆儿唱歌。惠子说，老婆死了，你不哭也就罢了，又鼓盆而歌，过分了吧。庄子说，她刚死时，我也感到悲伤，后来一想，她本来无生无形，气变而有形，形变而有生，现在又变化而死，这就像是春夏秋冬四季的变化一样。现在她已经静静地安息在天地之间，而我却哭哭啼啼，这是不通达生命的道理啊，所以就不哭了。《庄子》说：“得者时也，失者顺也，安时而处顺，哀乐不能入也。”（《大宗师》）“得”指生，“失”指死；“时”是偶然性，《说苑·杂言》中说“遇不遇者，时也”；“顺”是顺序，有了生，顺序就有死。安身于生之难遇和死之易及的过程中，既不以生的眼光看死，为生而喜，为死而惧，也不以死的眼光看生，以生为苦，以死为乐，这就是“明”。

《老子》的“复归”还有另一种形式，即《老子》所说的“复归其明”（第52章）、“复归于婴儿”和“复归于朴”（第28章）等。这也是针对人来说的，其他的事物没有这种复归。如果说复归于无物、各复其根是所有有限事物由生到死、由上场到下场的必然结局的话，那么，复归于婴儿、复归于朴、复归其明等则是人通过修行才能达到的境界，没有必然性，并非所有的人都能有这样的境界。

我们在前面讲过《庄子》说的“得其环中，以应无穷”（《齐物论》），环中是一个点，具有全面的敞开性，但是是静态的。我们还讲过《庄子》说的“选则不遍”（《天下》），一旦由起点开始行动，必然要选择某个方向，而失去全方位的对应状态。复归于婴儿、复归于朴、复归其明，都是要复归于起点，力图保持起点的敞开性。在讲玄德的时候我们说过，没有敞开性就没有玄德。

婴儿是人生的起点，最具自然性和敞开性，所以《老子》说“含德之厚者，比于赤子”（第55章）。随着人的生命的延续，人必然会越来越远离婴儿状态，不断地闭合敞开性，直到最后的敞开——死——也被闭合，人的一生也就完全确定了。这个过程是不可逆的，所以，所谓“复归于婴儿”就不是说要在时间上回到婴儿时期，那是不可能的，而是说要在精神上保持婴儿式的自然和敞开。人的生活的经历会在生理上和心理上留下痕迹，由此而把过去和现在连起来，没有痕迹，人生就没有连续性。但是，痕迹又会对后续现象形成前在的限制，影响敞开性。所以，要尽量地敞开，就需要尽量地消除痕迹的影响。生理上的痕迹无法抹除，心理上的痕迹则可以在一定程度上淡化。《老子》把人的心灵比作一面镜子，称之为“玄鉴”，说“修除玄鉴，能毋疵乎?”（第10章）儿童的心灵很少生活经历的痕迹，像是一面刚磨制出来的铜镜，非常明净。随着生活历程的延续，心灵上会留下越来越多的痕迹，犹如铜镜渐渐生锈，使镜中所照的一切都带上了锈迹的因素，只有像修磨铜镜那样磨去锈迹，才能复归儿童心灵的明净。

朴的本意指未经加工成器的木材，《老子》用以指没有造作的浑朴状态。《老子》说“道恒，无名，朴”（第32章）。道意味着全，不可名，所以说无名。名是辨别事物的，无名意味着没有分辨的浑朴状态，所以说朴。《老子》又说“朴散则为器”（第28章），器指具体事物，所有具体事物（包括人）都是朴的分别显现。从分别显现来看，各种具体事物似乎彼此分离，但是，在显现的背后遮蔽着具体事物之间无穷无尽的交织的关系，所以《老子》又说“大制无割”（第28章），即虽然说朴散为器，但是各种具体事物并不各自分离。然而，显而易见，隐而难知，人们往往比较注意那些显现的事物，而忽视被遮蔽的事物之间的关系，这样就会将事物看成是孤立的、固定的、僵硬的，失去了在具体境遇中的敞开性和灵活性。所谓“复归于朴”就是要回归到浑朴状态中，使分别显现的事物回归到与其他事物的关系中，在每一个具体境遇的操作中，由“怎么样”生成“是什么”。我们在前面讲述玄德的时候曾举过钉耙的例子，钉耙自然有其特性，但是，其特性是通过人在具体的境遇中和钉耙打交道显现出来的，当用钉耙平整土地时，钉耙是农具，当用钉耙进行格斗时，钉耙是兵器，如此等等。当用钉耙平整土地或者用钉耙格斗时，并不排除钉耙还可以做其他事情的可能性。每一显现都是随着操作而从零开始，每一显现又都随着操作的结束而消隐，复归于无名，复归于朴。

《老子》说“用其光，复归其明”（第52章）。《左传》中讲光是“远而自他有耀者”（《庄公二十二年》），这儿所说的“他”指那些具有照明效能的东西，如日、月、灯、火等，可以称为“明”。“远而自他有耀”是说光是从远处的“他”那儿照射过来的那种东西，如日光、月光、灯光、火光等。《国语》中说光是“明之曜”，光是明亮之物照射其他物体，使人能看见被照射物体的那种东西。《孟子·尽心上》“日月有明，容光必照焉”，朱熹注说“明者光之体；光者明之用”。这样，“用其光”的意思是照射他物，使之明显；“复归其明”的意思是不再照射。也可以将“明”理解为被照射物体的反射效能，这样，“用其光”的意思就成了物体把接受的光反射出去，显现自身；“复归其明”的意思是没有光照时则归于暗中。就像夜间在高速公路行车，车灯照过来，车前路上的各种反光标志一时明亮可辨，车灯过去，车后又归于昏黑不明。这两种理解虽然有所区别，但是，主要的意思都是说显现是应时而现，时过则隐。比如，在操作中使器物显现是“用其光”，操作停止器物消隐是“复归其明”。

就是非判断来说，分辨是非可以说是“用其光”，不执分辨可以说是“复归其明”。《庄子·齐物论》中讲儒、墨各自都有对是非的分辨，彼此互相对立，是对方所非而非对方所是。在道家看来，这就是由于只知从自己的角度来“用其光”，而未能“复归其明”，执着于各自角度的分辨。所以，《庄子》说“莫若以明”，“以明”就是不执分辨。《齐物论》说：“是故滑疑之耀，圣人之所图也，为是不用而寓诸庸，此之谓以明。”“滑疑”是流转不定的意思，“耀”就是“远而自他有耀者”的那耀，也就是光；“图”是图求；“为是”即因此。圣人图求那种流转不定的光，因此，不是单纯地“用其光”，而是“寓诸庸”。“庸”有“用”的意思，但是与“用”又有区别，“庸”是不断地变换施用的意思，这样，“寓诸庸”就成了“用其光”和“复归其明”的循环，因此而得“滑疑之耀”。这就是“以明”。《齐物论》说：“彼是莫得其偶，谓之道枢。枢始得其环中，以应无穷。是亦一无穷，非亦一无穷也。故曰莫若以明。”“彼是”犹如彼此，

“偶”是对的意思，“彼是莫得其偶”是说彼此不截然对立，这叫作“道枢”。“枢”是门的转轴，“道枢”指处在“得其环中”的转轴上，由此而“以应无穷”。道意味着无限，也就意味着处处是圆心，只是由于人执着于各自角度的“用其光”，固执于彼此是非的对立，失去了“得其环中，以应无穷”的态势。如果能够“以明”，那么，其光耀便随着转轴而闪烁，是非之辨变化无穷，而不是执着成心辨是非了。

（三）知子守母

《老子》说“万物负阴而抱阳，冲气以为和”，在“冲和”过程中，阴阳所起的作用是不一样的，阳具有主动性，是发动者，阴具有被动性，是承载者，阳主动，阴主静。如果没有阳之发动，就不会有“冲”，也就不会有“和”，但是，这阳之发动是在阴之承载中显现的，没有阴的承载，阳的发动便无从实现，所以《老子》说“知其雄，守其雌，为天下溪”（第 28 章）。“知”是显现，“守”是保守；“雄”指雄发，“雌”指雌静；“溪”是水流汇聚的地方，喻指万物复归之处。《老子》说“万物旁作，居以须复也。天道员员，各复其根。归根曰静”（第 16 章）。“作”是动，是“知其雄”；“归根”是趋于静，是“守其雌”；动以静为归宿，所以说“静为躁君”（第

26 章）。

就人的行为而言，《老子》说“吾不敢为主而为客”（第 69 章），为客具有守雌的特点，但是，为客又不是感而不应、迫而不动，而是感而应、迫而动，这其中又包含着知雄的成分，只是应、动是在感、迫的前提下发生，不是无感而起、无推而动。张载说“无所感而起，妄也”（《正蒙 · 中正》），没有守雌的知雄是妄，“妄作，凶”（第 16 章）。程颐说“以刚为天下先，凶之道也”（《程氏易传》）。

《老子》又说“知其白，守其辱，为天下谷”。“白”喻指明亮，“辱”喻指黑暗，“谷”也是水流汇聚的地方，喻指幽暗不明，知白守辱是说在黑暗的背景上显现光明。《吕氏春秋》说“明火不独在乎火，在于暗”（《期贤》）。如果以“白”喻指知晓，以“辱”喻指无知，那么知白守辱的意思就成了在无知的背景上知晓。《老子》说“明白四达，能毋以知乎”（第 10 章），“明白四达”指没有哪个方面是不可知晓的，“毋以知”指不执存已知晓的内容。“明白四达”是“知其白”，“毋以知”是“守其辱”。在前面举过夜间在高速公路上行车的例子。人能够用自己的认知之“灯光”照出一段光明之路，这段光明随着车子的行进在黑暗中不断地改变，而四周总是包围着黑暗。

《庄子 · 天下》中把“知雄守雌”、“知白守辱”看作是《老子》思想的一个特征，《老子》中的许多内容都包含着这特征。比如：《老子》说“天将建之，如以慈垣之”（第67章），“建”即强健有力，“垣”在这儿是筑墙围绕的意思。这句话的意思是，用柔慈把强健圈围起来，或者说是在柔慈的范围内强健。强健体现了“知雄”的一面，以慈垣之体现了“守雌”的一面。《老子》说“化而欲作，将镇之以无名之朴”（第37章），“化而欲作”体现了“知”的一面，“镇之以无名之朴”体现了“守”的一面。《老子》说“方而不割，廉而不刺，直而不肆，光而不耀”（第58章）。方是方正有边，不割是不伤人；廉是有棱有角，不刺也是不伤人；肆是伸张；耀是放光。老子讲的是方而不割，不是圆而不割；是廉而不刺，不是秃而不刺；是直而不肆，不是屈而不肆；是光而不耀，不是暗而不耀。方、廉、直、光体现了“知”的一面，不割、不刺、不肆、不耀体现了“守”的一面。

《老子》第52章中说：“天下有始，以为天下母。既得其母，以知其子；既知其子，复守其母。”前面讲过，道意味着全，“独立而不改”（第25章），没有对待，没有变化，所以，不能说道是始、是母。但是，相对任何非全的事物来说，道都具有全的在先性，所以说“有𤴓混成，先天地生”（第25章）。在这个意义上，可以说天下之物以道为始，道“可以为天下母”（第25章）。《说文解字》说“始”字的意思是“女之初”，“母”字“象怀子形”。始强调的是“混”，可以对应“混而为一”的那“一”；母强调的是“生”，可以对应“三生万物”的那“三”，两者从不同的层面显现道，所以说“异名同谓”(第1章)。

因为道没有对待、没有外，所以，前面说过，凡是涉及道的“生”都是显的意思，“三生万物”是说三显现万物，这也就是“既得其母，以知其子”。“知”在这儿还是显现的意思。前面分析过《老子》说的“物形之而势成之”(第51章)，事物的显现是“物形之”，事物的显现乃一系列条件的会聚是“势成之”。每一个事物都带着自己的特性显现，与他物区别开来。但是，每一个事物都不仅与他物有区别，而且更与他物有无穷无尽交织的联系，没有“势成之”，也就没有“物形之”了。所以，不仅要“既得其母，以知其子”，而且要“既知其子，复守其母”，所谓“复守其母”就是说“物形之”要关联着那“势成之”。“知其子”重视显现的形，“守其母”重视隐蔽的势，这叫“形势并重”。

在前面讲德的时候，我们曾借用五行说的相生相克图来示意道和德的关系，道和德的关系也可以转换来说母和子的关系。我们假设木、火、土、金、水这五种事物以及它们之间的相互关系构成一个全，这可以说就是那“母”，它在不同的点的显现可以说是“子”，木、火、土、金、水都只能在全的“场所”显现，这就是“既得其母，以知其子”。木、火、土、金、水的显现分别带着自己的特性，显现成木、火、土、金、水五个分散点，但是，它们本来是纠缠在一起的，没有它们之间相生相克的纠缠，也就没有它们各自的显现，所以，要保守着与“场所”的关系，“既知其子，复守其母”。美国人巴雷特说：“形象处于更清晰的焦点上，而场所向后退去，变得模糊不清，以致为人所遗忘。”① 由于显而易见、隐而难知，所以，相对于“知”的一面来说，“守”的一面更有强调的必要。

“知……守……”是《老子》思想的一个重要模式，由这个模式还可以引出更多命题。譬如，《老子》讲“静为躁君”（第 26 章），这可以说是“知其躁，守其静”；讲“朴散则为器”（第 28 章），这可以说是“知其器，守其朴”；讲“大巧若拙”（第 45 章），这可以说是“知其巧，守其拙”；讲“物形之而势成之”（第 51 章），这可以说是“知其形，守其势”；讲“天将建之，如以慈垣之”（第 67 章），这可以说是“知其健，守其慈”；等等。按《老子》的思路，就刚柔讲，可以说是“知其刚，守其柔”（《淮南子·原道训》讲“是故欲刚者，必以柔守之”；《程氏易传》讲“以刚为天下先，凶之道也”）；就智愚讲，可以说是“知其智，守其愚”（《淮南子·道

① ［美］威廉·巴雷特：《非理性的人——存在主义哲学研究》，杨照明、艾平译，商务印书馆 1995 年版，第 227 页。

应训》讲“聪明睿智，守之以愚”；《荀子·宥坐》讲“聪明圣知，守之以愚”）；就语默讲，可以说是“知其语，守其默”（《庄子·则阳》讲“其口虽言，其心未尝言”；《文子·微明》讲“知言之谓者，不以言言也”）；等等。维特根斯坦说：“我想写的是，我的著作由两部分组成：一是已写成的，二是所有我没有写的一切。而这第二部分正是最重要的部分。”[①] 海德格尔说：“为了能沉默，此在必须有东西可说。”[②] 这也可以说是“知其语，守其默”。

（四）正言若反

语言是人们表达思想、交流感情、传达信息的工具，也是人思维和生活的方式，在语言、思想与生活世界之间存在着某种关联，“想象一种语言就意味着想象一种生活形式”[③]，“一种语言观就是一种世界观”[④]。不同的学说、文化以不同的话语体系展现自己的思想、显现自己的生活

---

① ［德］卜松山：《与中国作跨文化对话》，刘慧儒、张国刚等译，中华书局2003年版，第87页。

② ［德］马丁·海德格尔：《存在与时间》，陈嘉映、王庆节合译，生活·读书·新知三联书店1987年版，第201页。

③ ［奥］维特根斯坦：《哲学研究》，汤潮、范光棣译，生活·读书·新知三联书店1992年版，第15页。

④ ［美］帕特里夏·奥坦伯德·约翰逊：《伽达默尔》，何卫平译，中华书局2003年版，第60页。

世界。“正言若反”（第 78 章）就是《老子》展现自己的思想、显现自己生活世界的一种言说方式。

我们在前面分析过《老子》的“道可道也，非恒道也”（第 1 章）这句话，其字面意思是说，凡是所行之道都不是那全方向的恒道。《老子》由此而引出“全”的问题，《老子》中讲的具有哲学意蕴的道就是这“恒道”。由于道意味着全，所以，不能说道是什么，只能说什么不是道，“名可名也，非恒名也”（第 1 章），凡是“可名”的都不是道。

由于道不可名，所以道也就无名，《老子》称这种无名状态为“万物之始”。《老子》说“始制有名”（第 32 章），“制”在这儿是“裁”的意思，分别的意思。从“混成”讲，道不可名；从“朴散”讲，众物可名。《管子·心术下》说“凡物载名而来，圣人因而财（裁）之”，“名”是用以区别事物的，事物都各有自己的特性，因此也可以说都带着自己的“名”，命名者通过领会物的所载之名将其揭示出来，这就是“因而裁之”。“因而裁之”的所“因”既有物的所载之名的因素，也有命名者领会的成分。

命名者基于自己的领会揭示物的所载之名，即命名，以区别不同的事物，但是，事物并非因为被命名就按所命之名存在，而还是按自己的特性即所载之名存在。由于事物存在的敞开性和人的活动的复杂性，任何命名都难以把物的所载之名的含义和盘托出，所以，任何命名都只具有相对的意义。《老子》说“明道如费，进道如退，夷道如类”（第40章，见世传本第41章），就是在揭示命名的相对性。比如，相对于东的前进，相对于西就是后退，这可以说是“进道如退”，道在这儿是事理的意思。比如，假设一个群体的所有成员共同生产出能使每个人都吃饱的食物，如果平均分配给每个人，那么食量小的人会有剩余，食量大的人则吃不饱，如果让每个人都吃饱，那么就得给食量大的人多分配，给食量小的人少分配。社会中的任何“平”都伴随着“不平”，这可以说是“夷道如类”，“夷”是平的意思，“类”在这儿是不平的意思。比如，《庄子》说“鸱鸺夜撮蚤，察毫末，昼出瞋目而不见丘山”（《秋水》），人在夜间看不见，而猫头鹰在夜间视力很好，反过来，人在白天能看见，而猫头鹰却瞪大眼睛也看不见山丘。人和鸱鸺的视力昼夜强弱的变化都是由于其视觉器官的特点，这可以说是“明道如费”，“明”是视力好，“费（应为䀓）”是目不明的意思。在“明道如费，进道如退，夷道如类”中，明、进、夷被说成如同与其相反的费、退、类，这是一种正言若反的形式。通过这样的表述，揭示命名者所命之名和物的所载之名的关系：一方面，物的所载之名要通过命名者的因而裁之显现出来；另一方面，由于命名者总是从自己的视域来领会物的所载之名，所以难以将物的所载之名的全部含义一下子都显示出来。“正言若反”将隐蔽着的反和显现出的正联系起来。

命名者从自己的视域来领会物的所载之名，像是“横看成岭侧成峰”，这可以说是“焦点透视”式的领会。如果改变视域并综合不同视域的领会，那么可以形成“散点透视”式的领会。像我们在前面举过的钉耙的例子，钉耙自有其特性，载名而来，平整土地的人领会钉耙为农具，进行格斗的人领会钉耙为兵器，还可以有其他视域的领会，这样，钉耙就会被分别命名为农具，命名为兵器，命名为其他器物。虽然命名者难以从某个视域将物的所载之名的全部含义都领会并显示出来，但是，可以在不同的视域中分别领会和显示。这种情况可以叫作“大成”，即载名之物不是只成为某种器物，不被某个命名所限定，而是向此物可能成为的各种器物敞开。《老子》说“大成若缺，其用不敝”（第 45 章），王弼注说“随物而成，不为一象，故若缺也”。当钉耙在一定的境遇中显现为农具时，钉耙所载之名的其他的含义便隐去了，这就是“缺”，不“缺”，钉耙就不能“成”为农具。“成”为兵器或者“成”为其他器物也是同样的道理，不“缺”就不能“大成”。在《老子》中类似这种形式的表述还有“大直若屈”、“大巧若拙”等。对于“大直若屈”，王弼解释说“随物而直，直不在一，故若屈也”。对于“大巧若拙”，王弼解释说“大巧因自然以成器，不造为异端，故若拙也”。“不造为异端”也就是前面讲过的“勿创勿作，时至而随”（《管子·桓公问》），“因自然以成器”也可以说是“随事而巧”。大成若缺、大直若屈、大巧若拙等也是一种正言若反的形式，通过“缺”说明“随物而成”，通过“屈”说明“随物而直”，通过“拙”说明“随事而巧”等。

不“缺”就不能“大成”，所以，《老子》说“大器曼成”（第 40 章）。所谓大器，就是在人与物打交道时，使物同时成为各种器物。曼是无、不的意思，“大器曼成”是说这样的大器没有“成”的时候。“曼成”是竹简本的说法，帛书甲本残，帛书乙本作“免成”，世传本作“晚成”，“免成”还可以解释为“不成”，讲“晚成”则误。《老子》说“大方无隅，大器曼成，大音希声，大象无形”，“希声”是无声，“曼成”是无成，在这儿不能说“晚成”。这些表述也是正言若反，通过无隅、曼成、希声、无形来说大方、大器、大音、大象。

器有成，而大器无成；成无缺，而大成若缺。“大成若缺”和“大器曼成”从两个方面讲“成”器和“大”器的关系。一方面，人在活动中无法与“大”器实际地打交道，人总是在具体的境遇中与物打交道，所以必须有所“缺”，才能使物“成”为某种器；另一方面，“大”器为“成”器的敞开性提供了场所。“成”器将人与物打交道的活动落在实处，“大”使人的活动不被既“成”状况所拘，没有无成之“大”器，也就没有“随物而成”的“大成”。我们在前面讲过玄德，就“成”而言，也可以说“大成”是“玄成”，既不是没有任何“成”，也不拘于某种“成”，而是“不为一象”的“随物而成”。

在前面分析过白居易“周易休开卦，陶琴不上弦”(《喜老自嘲》)这两句诗。就算卦来说，一旦开卦，就意味着失，经过不断地失，最后才能确定一个卦，不可能同时算出全部的卦来，只有不算卦才能对应全部的卦；就弹琴来说，一旦弹出曲调，就意味着遗，不可能同时弹出全部的曲调，只有不弹奏才能对应全部曲调。郭象在《庄子注》中说“故吹管操弦，虽有繁手，遗声多矣。而执籥鸣弦者，欲以彰声也，彰声而声遗，不彰声而声全”(《齐物论注》)，不彰声而声全也就是“大音希声”。大音希声固然有高情远意，但是，少了灵动生气。《老子》说大器曼成、大音希声、大象无形，是要使人有个大境界，为人的活动的敞开性提供大场所，不是要人无所事事。

《老子》的“正言若反”不只是个语言问题，正言若反的言说方式揭示着无“限”，揭示着玄德。

结语 《〈老子〉解读》和《〈老子〉衍说》

多年前我曾计划依托《老子》写两本书，一本是就《老子》文本的章句作解释，另一本是将分散在《老子》章句中的各种内容概括地论述，前者犹如纬线，后者犹如经线，觉得这样才能构成一幅理解《老子》的整体画面。纬线性质的《〈老子〉解读》早已出版，由于生性散漫，经线性质的书一直拖下来，直到现在才写出《〈老子〉衍说》。

本书之所以叫《〈老子〉衍说》，是因为我在论述《老子》的内容时，不仅经常引用诸如《庄子》、《易传》、《文子》、《淮南子》以及其他一些不同风格、倾向、见解的典籍来论说，而且还时有自己的延伸理解，可以说是“曼衍”，所以叫“衍说”。这种情况在《〈老子〉解读》中也存在。所谓“解读”即解释地阅读，其中讲的是我所解释的《老子》的思想，不是和我的理解无关的

《老子》的思想。从我接触的《〈老子〉解读》的读者来看，人们阅读此书时，大多不关注“解读”的意思，而直接地说“《老子》的思想”甚至“老子的思想”，所以在谈论时经常需要对“解读”的意思作些说明。

在中国古代文艺理论中，有形神之论，讲形似、神似等。理解和解释经典也可以从形和神两方面来说。就形的方面说，解释是对经典的字句、文义等作说明。由于诸如字句的歧义、语境的变化以及不同的人视域的差异等原因，解释者在对经典的字句、文义等作说明时，难免会有与经典的本义不同的理解，所以，其解释只能说似乎是经典的意思，难以说就是经典的意思。这可以说是解释的“形似”。就神的方面说，解释是对经典的精神实质的把握。韩愈在《进学解》中说“纪事者必提其要，纂言者必钩其玄”，提要钩玄就是要力求把握典籍的精神实质。相较于“提要”对把握“纪事者”的精神实质的意义而言，“钩玄”对把握“纂言者”的精神实质的意义更大，尤其对于像《老子》这种形散神微的思想性经典来说，更是这样。由于解释者在理解经典时不能没有自己的视域，所以，通过探赜钩沉所得的“要”或“玄”只能是自己把握的经典的精神实质，难以使所有的解释者都认同，只能说似乎是经典的精神实质。这可以说是解释的“神似”。当然，说“似乎”并不是就安于“似乎”而不求解释更“符合”经典，而是说解释者对经典作不出不是“似乎”的解释。

解释的形和神是相互渗透的，没有对字句、文义的理解，难以把握经典的精神实质；没有对经典精神实质的把握，对字句、文义的解释也难以条理。所以要由形得神，以神统形。已出版的《〈老子〉解读》侧重于在解释字句、文义的基础上把握《老子》的精神实质，由形得神；现在这本《〈老子〉衍说》侧重于由精神实质贯穿对《老子》字句、文义的解释，以神统形。

虽然说解释的形和神都重要，但对于思想性经典来说，把握精神实质比解释字句、文义还更重要些。黄宗羲说：“讲学而无宗旨，即有嘉言，是无头绪之乱丝也。”(《明儒学案·发凡》)在中国思想史中，一些影响深远的解释经典的著作，像《易传》、王弼的《老子注》、郭象的《庄子注》、朱熹的《四书章句集注》等，都有自己的宗旨。《〈老子〉衍说》以“无为”贯穿《老子》中的各种内容，并且认为《老子》之所以主张“无为”的原因在于力图缓和人的实存之“偏”与希望之“全”或者说人的实存有限与希望无限的矛盾。这就是我所理解的《老子》的精神实质。人的实存有限和希望无限的矛盾是哲学的根源，由于思考这根源性问题，《老子》得以位于人类思想最深邃的著作之列。

席勒说哲学家是“一切时代的同时代人”，因此，也可以说哲学家们思考的问题是一切时代的问题。反过来说，如果不是一切时代的问题，那么就不是严格意义的哲学问题。虽然哲学家们所讲述的内容会有时代的痕迹，但是哲学家们所思考的问题却有超时代性。所以，对于《老子》这样的经典，就不能只是将其作为思想史的资料来读，更应该将其作为思想的资料来读。虽然说思想离不开思想史，思想史的研究也需要有思想，但是二者毕竟不同，治思想史好似游他人之圃，思想有如营自家之园。如果把《老子》作为思想史的资料来读，那么是在研究"《老子》的"思想；如果是作为思想的资料来读，那么是在进行"《老子》地"思想。《〈老子〉解读》和《〈老子〉衍说》都有"《老子》地"思想的色彩，是借景他人之圃，料理自家之园。自家之园才是自家的安顿之处。

在中国传统文化中，更多的是说哲人、哲士，而不说哲学（家）。如果非得要说"哲学"的话，那么，中国传统的"哲学"可以说是"哲"之"学"。哲学是"思想的"，"哲"之"学"则是"生活的"。因此，所谓的安顿也就不只是思想的"理得"，更是生活的"心安"。所以，对于《老子》这样的经典，作为思想的资料来读，仍然不够，还需要在生活中切己地体悟。回顾早年读《老子》，偏于"理得"之趣，虽然不能说毫无所获，但是总觉得与己有隔。若干年后始得"心安"之味，而于沉潜反复中时有切己受用之感。《〈老子〉解读》和《〈老子〉衍说》记录着这"受用"。

附录　《老子》原文

《〈老子〉衍说》引用《老子》原文以拙著《〈老子〉解读》为准。

第 1 章

道可道也，非恒道也；名可名也，非恒名也。无名，万物之始也；有名，万物之母也。故恒无欲也，以观其眇；恒有欲也，以观其所徼。两者同出，异名同谓。玄之又玄，众眇之门。

第 2 章

天下皆知美之为美，恶已；皆知善，斯不善已。有无之相生也，难易之相成也，长短之相形也，高下之相盈也，音声之相和也，先后之相随也。恒也。是以，圣人居无为之事，行不言之教。万物作而弗始也，为而弗恃也，成而弗居也。夫唯弗居，是以弗去。

第 3 章

不尚贤，使民不争；不贵难得之货，使民不为盗；不见可欲，使民不乱。是以圣人之治也：虚其心，实其腹，弱其志，强其骨。恒使民无知无欲也。使夫知不敢、弗为而已，则无不治矣。

第 4 章

道冲而用之又弗盈也。渊兮似万物之宗。挫其锐，解其纷，和其光，同其尘。湛兮似或存。吾不知其谁之子也，象帝之先。

第 5 章

天地不仁，以万物为刍狗；圣人不仁，以百姓为刍狗。天地之间其犹橐龠欤？虚而不屈，动而愈出。多闻数穷，不若守于中。

第 6 章

谷神不死，是谓玄牝。玄牝之门，是谓天地之根。绵绵若存，用之不勤。

第 7 章

天长地久。天地之所以能长且久者，以其不自生也，故能长生。是以圣人退其身而身先，外其身而身存。不以其无私欤？故能成其私。

第 8 章

上善若水。水善利万物而不争，居众人之所恶，故几于道矣。居善地，心善渊，予善信，正善治，事善能，动善时。夫唯不争，故无尤。

第 9 章

持而盈之，不若其已。揣而群之，不可长保也。金玉盈室，莫能守也。贵富而骄，自遗咎也。功遂身退，天之道也。

第 10 章

载营魄抱一，能毋离乎？抟气致柔，能婴儿乎？修除玄鉴，能毋疵乎？爱民治国，能毋以知乎？天门启阖，能为雌乎？明白四达，能毋以知乎？生之畜之。生而弗有，长而弗宰也。是谓玄德。

第 11 章

三十辐同一毂，当其无有，车之用也。埏埴而为器，当其无有，器之用也。凿户牖以为室，当其无有，室之用也。故有之以为利，无之以为用。

第 12 章

五色使人目盲，五音使人耳聋，五味使人口爽，驰骋田猎使人心发狂，难得之货使人行妨。是以圣人之治也，为腹而不为目。故去彼而取此。

第 13 章

宠辱若缨，贵大患若身。何谓宠辱若缨？宠为下也，得之若缨，失之若缨，是谓宠辱若缨。何谓贵大患若身？吾所以有大患者，为吾有身也，及吾无身，有何患？故贵以身为天下，若可以厇天下矣；爱以身为天下，若可以迲天下矣。

第 14 章

视之而弗见，名之曰微；听之而弗闻，名之曰希；播之而弗得，名之曰夷。三者不可致计。故混而为一。一者，其上不攸，其下不忽，寻寻兮不可名也，复归于无物。是谓无状之状，无物之象，是谓惚恍。随而不见其后，迎而不见其首。执今之道，以御今之有。以知古始。是谓道纪。

第 15 章

古之善为士者，微妙玄达，深不可志。夫唯不可志，故强为之容：豫兮其若冬涉川；犹兮其若畏四邻；严兮其若客；涣兮其若释；屯兮其若朴；混兮其若浊；旷兮其若谷。浊而静之徐清，安以动之徐生。保此道者不欲盈。夫唯不欲盈，是以能敝而不成。

第 16 章

至虚，恒也；守中，笃也。万物旁作，居以须复也。天道员员，各复其根。归根曰静。静曰复命。复命，常也。知常，明也。不知常，妄。妄作，凶。知常容，容乃公，公乃王，王乃天，天乃道，道乃久。没身不殆。

第 17 章

太上，下知有之；其次，亲誉之；其次，畏之；其次，侮之。信不足，安有不信。犹兮其贵言也。成事遂功，而百姓曰："我自然也"。

第 18 章

故大道废，安有仁义；智慧出，安有大伪；六亲不和，安有孝慈；邦家混乱，安有贞臣。

第19章

绝智弃辩，民利百倍；绝巧弃利，盗贼无有；绝伪弃虑，民复季子。三言以为事不足，或命之，或呼属：视素保朴，少私寡欲。

第20章

绝学无忧。唯与诃，相去几何？美与恶，相去若何？人之所畏，亦不可以不畏人。望兮，其未央哉！众人熙熙，若享于大牢，而春登台。我泊焉未兆，若婴儿未咳。累兮，似无所归！众人皆有余，我独遗。我愚人之心也，沌沌兮。俗人昭昭，我独若昏兮。俗人察察，我独闷闷兮。惚兮其若海，恍兮其若无所止。众人皆有以，我独顽以鄙。我欲独异于人，而贵食母。

第21章

孔德之容，唯道是从。道之物：唯恍唯惚。惚兮恍兮，中有象兮；恍兮惚兮，中有物兮；窈兮冥兮，中有情兮。其情甚真，其中有信。自今及古，其名不去，以顺众父。吾何以知众父之然也？以此。

第22章

曲则全，枉则正，洼则盈，敝则新。少则得，多则惑。是以圣人执一以为天下牧。不自视，故彰；不自见，故明；不自伐，故有功；弗矜，故能长。夫唯不争，故莫能与之争。古之所谓曲全者，岂语哉？诚全归之。

第 23 章

希言，自然。飘风不终朝，暴雨不终日。孰为此？天地而弗能久，又况于人乎？故从事而道者，同于道。德者，同于德；失者，同于失。同于德者，道亦德之；同于失者，道亦失之。

第 24 章

企者不立。自视者不彰，自见者不明，自伐者无功，自矜者不长。其在道也，曰余食赘行。物或恶之，故有欲者弗居。

第 25 章

有𤣥混成，先天地生。寂兮寥兮，独立而不改，可以为天下母。吾未知其名，字之曰道。吾强为之名曰大。大曰逝，逝曰远，远曰反。道大、天大、地大、王亦大。国中有四大，而王居一焉。人法地，地法天，天法道，道法自然。

第 26 章

重为轻根，静为躁君。是以君子终日行，不离其辎重。虽有环官，燕处则超然。若何万乘之王，而以身轻于天下？轻则失本，躁则失君。

第 27 章

善行者无辙迹，善言者无瑕谪，善数者不用筹策，善闭者无关钥而不可启也，善结者无纆约而不可解也。是以圣人恒善人，而无弃人；物无弃材。是谓袭明。故善人，善人之师；不善人，善人之资也。不贵其师，不爱其资，虽知乎，大眯。是谓眇要。

第 28 章

知其雄，守其雌，为天下溪。为天下溪，恒德不离。恒德不离，复归于婴儿。知其白，守其辱，为天下谷。为天下谷，恒德乃足。恒德乃足，复归于朴。朴散则为器。圣人用，则为官长。夫大制无割。

第 29 章

将欲取天下而为之，吾见其弗得已。夫天下神器也，非可为者也。为者败之，执者失之。物或行或随，或嘘或吹，或强或羸，或培或堕。是以圣人去甚、去泰、去奢。

第 30 章

以道佐人主，不以兵强于天下。其事好还。师之所处，荆棘生之。善者果而已，不以取强。果而勿骄，果而勿矜，果而勿伐，果而毋得已居。是谓果而不强。物壮则老，谓之不道，不道早已。

第 31 章

夫兵者不祥之器也，物或恶之，故有欲者弗居。君子居则贵左，用兵则贵右。故曰，兵者非君子之器也，兵者不祥之器也，不得已而用之，铦袭为上，勿美也。若美之，是乐杀人。夫乐杀人，不可以得志于天下矣。是以，吉事上左，丧事上右。是以，偏将军居左，上将军居右。言以丧礼居之也。故杀人众，以悲哀莅之。战胜，以丧礼处之。

第 32 章

道恒，无名，朴。虽小，而天下弗敢臣。侯王若能守之，万物将自宾。天地相合，以雨甘露。民莫之令而自均焉。始制有名。名亦既有，夫亦将知止。知止所以不殆。譬道之在天下也，犹小谷之与江海也。

第 33 章

知人者，智也；自知者，明也。胜人者，有力也；自胜者，强也。知足者，富也。强行者，有志也。不失其所者，久也。死而不亡者，寿也。

第 34 章

道泛兮，其可左右也。成功遂事而弗名有也。万物归焉而弗为主，则恒无欲也，可名于小；万物归焉而弗为主，可名于大。是以圣人之能成大也，以其不为大也，故能成大。

第 35 章

执大象，天下往。往而不害，安平太。乐与饵，过客止。故道之出言也，淡乎其无味。视之不足见也，听之不足闻也，而不可既也。

第 36 章

将欲翕之，必固张之；将欲弱之，必固强之；将欲去之，必固与之；将欲夺之，必固予之。是谓微明。柔弱胜强。鱼不可脱于渊。邦之利器不可以示人。

第 37 章

道恒无为也。侯王能守之，而万物将自化。化而欲作，将镇之以无名之朴。夫亦将知足。知足以静，万物将自定。

第 38 章

上德不德，是以有德；下德不失德，是以无德。上德无为而无以为也。上仁为之而无以为也。上义为之而有以为也。上礼为之而莫之应也，则攘臂而扔之。故失道而后德，失德而后仁，失仁而后义，失义而后礼。夫礼者，忠信之薄也，而乱之首也。前识者，道之华也，而愚之首也。是以，大丈夫居其厚不居其薄，居其实而不居其华。故去彼取此。

第 39 章

昔之得一者：天得一以清，地得一以宁，神得一以灵，谷得一以盈，侯王得一以为天下正。其致之也：谓天毋已清将恐裂，谓地毋已宁将恐发，谓神毋已灵将恐歇，谓谷毋已盈将恐竭，谓侯王毋已贵以高将恐蹶。故必贵而以贱为本，必高矣而以下为基。夫是以侯王自谓孤、寡、不毂，此其贱之本欤，非也？故致数舆无舆。是故不欲禄禄若玉。硌硌若石。

第 40 章

上士闻道，堇能行于其中；中士闻道，若闻若亡；下士闻道，大笑之。弗大笑，不足以为道矣。是以建言有之：明道如费，进道如退，夷道如类。上德如谷，大白如辱，广德如不足，建德如偷，质真如渝。大方无隅，大器曼成，大音希声，大象无形。道褒无名。夫唯道，善始且善成。

第 41 章

返也者，道之动也；弱也者，道之用也。天下之物生于有、生于无。道生一，一生二，二生三，三生万物。万物负阴而抱阳，冲气以为和。

第 42 章

人之所恶，唯孤、寡、不穀，而王公以自名也。物或损之而益，益之而损。故人之所教，亦我而教人。故强梁者不得其死，吾将以为教父。

第 43 章

天下之至柔，驰骋于天下之至坚。无有入于无间。吾是以知无为之有益也。不言之教，无为之益，天下希能及之矣。

第 44 章

名与身孰亲？身与货孰多？得与亡孰病？甚爱必大费，厚藏必多亡。故知足不辱，知止不殆，可以长久。

第 45 章

大成若缺，其用不敝；大盈若冲，其用不穷。大直若诎，大巧若拙，大赢若。躁胜寒，静胜热。清静为天下定。

第 46 章

天下有道，却走马以粪。天下无道，戎马生于郊。罪莫厚乎甚欲，咎莫惨乎欲得，祸莫大乎不知足。故知足之为足，此恒足矣。

第 47 章

不出于户，以知天下；不窥于牖，以知天道。其出弥远，其知弥少。是以圣人弗行而知，弗见而名，弗为而成。

第 48 章

为学者日益，为道者日损。损之又损，以至于无为。无为而无不为。取天下，恒无事。及其有事也，不足以取天下。

第 49 章

圣人恒无心，以百姓之心为心。善者善之，不善者亦善之，德善也；信者信之，不信者亦信之，德信也。圣人之在天下也，翕翕焉为天下浑心。百姓皆注其耳目焉，圣人皆孩之。

第 50 章

出生，入死。生之徒十有三，死之徒十有三，而民生生，动皆之死地十有三。夫何故也？以其生生。盖闻善摄生者，陵行不避兕虎，入军不被甲兵。兕无所投其角，虎无所措其爪，兵无所容其刃。夫何故也？以其无死地焉。

第 51 章

道生之而德畜之，物形之而势成之。是以万物尊道而贵德。道之尊也，德之贵也，夫莫之爵也，而恒自然也。道生之，德畜之：长之育之、亭之毒之、养之覆之。生而弗有也，为而弗恃也，长而弗宰也。此之谓玄德。

第 52 章

天下有始，以为天下母。既得其母，以知其子；既知其子，复守其母。没身不殆。塞其兑，闭其门，终身不危；启其兑，济其事，终身不逨。见小曰明，守柔曰强。用其光，复归其明。无遗身殃，是谓袭常。

第 53 章

使我挈有知也：行于大道，唯迤是畏。大道甚夷，民甚好径。朝甚除，田甚芜，仓甚虚。服文采，带利剑，厌饮食，货财有余，是谓盗、夸。非道也哉！

第 54 章

善建者不拔，善抱者不脱，子孙以祭祀不绝。修之身，其德乃真；修之家，其德有余；修之乡，其德乃长；修之邦，其德乃丰；修之天下，其德乃博。以身观身，以家观家，以乡观乡，以邦观邦，以天下观天下。吾何以知天下之然哉？以此。

第 55 章

含德之厚者，比于赤子。蜂虿虺蛇弗螫，攫鸟猛兽弗搏。骨弱筋柔而握固，未知牝牡之会而朘怒，精之至也。

终日号而不嘎，和之至也。和曰常，知和曰明。益生曰祥，心使气曰强。物壮则老，谓之不道。不道早已。

第 56 章

知之者弗言，言之者弗知。塞其兑，闭其门。和其光，同其尘，挫其锐，解其纷。是谓玄同。故不可得而亲，亦不可得而疏；不可得而利，亦不可得而害；不可得而贵，亦不可得而贱。故为天下贵。

第 57 章

以正之邦，以奇用兵，以无事取天下。吾何以知其然也哉？夫天下多忌讳，而民弥叛；民多利器，而邦滋昏；人多知，而奇物滋起；法物滋章，盗贼多有。是以圣人之言曰：我无为而民自化，我好静而民自正，我无事而民自富，我欲不欲而民自朴。

第 58 章

其政闷闷，其民淳淳；其政察察，其民缺缺。祸兮福之所倚，福兮祸之所伏。孰知其极？其无正也。正复为奇，善复为妖。人之迷也，其日固久矣。是以方而不割，廉而不刺，直而不肆，光而不耀。

第 59 章

治人事天莫若啬。夫唯啬，是以早服；早服是谓重积德；重积德则无不克；无不克则莫知其极；莫知其极可以有国；有国之母可以长久。是谓深根固柢、长生久视之道也。

第 60 章

治大国若烹小鲜。以道莅天下，其鬼不神；非其鬼不神也，其神不伤人也；非其神不伤人也，圣人亦弗伤也。夫两不相伤，故德交归焉。

第 61 章

大邦者，下流也，天下之牝也。天下之交也，牝恒以静胜牡。为其静也，故宜为下。大邦以下小邦，则取小邦；小邦以下大邦，则取于大邦。故或下以取，或下而取。故大邦者不过欲兼畜人，小邦者不过欲入事人。夫皆得其欲，大者宜为下。

第 62 章

道者，万物之注也，善人之宝也，不善人之所保也。美言可以市，尊行可以加人。人之不善，何弃之有？故立天子，置三卿，虽有拱璧，以先驷马，不若坐而进此。古之所以贵此者何也？不谓求以得有，罪以免欤！故为天下贵。

第 63 章

为无为，事无事，味无味。大小多少，报怨以德。图难乎其易也，为大乎其细也。天下之难作于易，天下之大作于细。是以圣人终不为大，故能成其大。夫轻诺必寡信，多易必多难。是以圣人犹难之，故终于无难。

第 64 章

其安也，易持也。其未兆也，易谋也。其脆也，易泮也。其微也，易散也。为之于其未有也，治之于其未乱也。合抱之木，生于毫末；九层之台，起于累土；千里之行，始于足下。为之者败之，执之者失之。是以圣人无为，故无败；无执，故无失。临事之纪：慎终如始。此无败事矣。人之败也，恒于其且成也败之。是以圣人欲不欲，不贵难得之货；学不学，复众之所过。能辅万物之自然，而弗敢为。

第 65 章

古之为道者，非以明民也，将以愚之也。民之难治也，以其知也。故以知知邦，邦之贼也；以不知知邦，邦之德也。恒知此两者，亦稽式也。恒知稽式，是谓玄德。玄德深矣、远矣，与物反矣。乃至大顺。

第 66 章

江海所以为百谷王，以其能为百谷下，是以能为百谷王。圣人之在民前也，以身后之；其在民上也，以言下之。其在民上也，民弗厚也；其在民前也，民弗害也。天下乐进而弗厌。以其不争也，故天下莫能与之争。

第 67 章

天下皆谓我大，大而不肖。夫唯不肖，故能大。若肖，久矣其细也夫。我有三宝，持而宝之。一曰慈，二曰俭，三曰不敢为天下先。夫慈，故能勇；俭，故能广；不敢为天下先，故能成器长。今舍其慈，且勇；舍其俭，且广；舍其后，且先，则死矣。夫慈，以战则胜，以守则固。天将建之，如以慈垣之。

第 68 章

善为士者不武，善战者不怒，善胜敌者弗与，善用人者为之下。是谓不争之德，是谓用人，是谓配天。古之极也。

第 69 章

用兵有言曰："吾不敢为主而为客，不敢进寸而退尺。"是谓行无行，攘无臂，执无兵。乃无敌矣。祸莫大于无敌，无敌近亡吾宝矣。故抗兵相若，则哀者胜矣。

第 70 章

吾言甚易知也，甚易行也。而人莫之能知也，莫之能行也。言有宗，事有君。夫唯无知也，是以不我知。知者希，则我贵矣。是以圣人被褐而怀玉。

第 71 章

知不知，尚矣；不知知，病矣。是以圣人之不病也，以其病病也，是以不病。

第 72 章

民之不畏威，则大威将至矣。毋狭其所居，毋厌其所生。夫唯弗厌，是以不厌。是以圣人自知而不自见也，自爱而不自贵也。故去彼而取此。

第 73 章

勇于敢则杀，勇于不敢则活。此两者，或利或害。天之所恶，孰知其故？天之道，不争而善胜，不言而善应，弗召而自来，繟然而善谋。天网恢恢，疏而不失。

第 74 章

若民恒且不畏死，奈何以杀惧之也。使民恒且畏死，而为畸者吾得而杀之，夫孰敢矣？若民恒且必畏死，则恒有司杀者。夫代司杀者杀，是代大匠斲。夫代大匠斲，则希不伤其手矣。

第 75 章

人之饥也，以其上食税之多也，是以饥。百姓之不治也，以其上之有以为也，是以不治。民之轻死，以其求生之厚也，是以轻死。夫唯无以生为者，是贤贵生。

第 76 章

人之生也柔弱，其死也筋肕坚强。万物草木之生也柔脆，其死也枯槁。故曰：坚强者死之徒也，柔弱者生之徒也。是以，兵强则不胜，木强则兵。故强大居下，柔弱居上。

第 77 章

天之道犹张弓也：高者抑之，下者举之；有余者损之，不足者补之。故天之道，损有余而益不足。人之道则不然，损不足而奉有余。孰能有余而有以取奉于天者乎？唯有道者乎！是以，圣人为而弗有，成功而弗居也。若此其不欲见贤也。

第 78 章

天下莫柔弱于水，而攻坚强者莫之能胜也，以其无以易之也。柔之胜刚，弱之胜强，天下莫弗知也，而莫能行也。故圣人之言云：受邦之垢，是谓社稷之主；受邦之不祥，是谓天下之王。正言若反。

第 79 章

和大怨，必有余怨，焉可以为善？是以圣人执左契，而不以责于人。故有德司契，无德司彻。夫天道无亲，恒与善人。

第 80 章

小邦寡民。使十百人之器毋用。使民重死而远徙。有车舟，无所乘之；有甲兵，无所陈之。使民复结绳而用之。甘其食，美其服，乐其俗，安其居。邻邦相望，鸡犬之声相闻，民至老死不相往来。

第 81 章

信言不美，美言不信。知者不博，博者不知。善者不多，多者不善。圣人无积。既以为人己愈有，既以予人己愈多。故天之道，利而不害；人之道，为而弗争。

策划编辑：张振明
责任编辑：段海宝

图书在版编目(CIP)数据

《老子》衍说/兰喜并 著. —北京：人民出版社，2020.10
ISBN 978－7－01－021972－1

Ⅰ.①老… Ⅱ.①兰… Ⅲ.①道家②《道德经》-研究
Ⅳ.①B223.15

中国版本图书馆 CIP 数据核字(2020)第 044896 号

《老子》衍说
LAOZI YANSHUO

兰喜并 著

人民出版社 出版发行
(100706 北京市东城区隆福寺街 99 号)

北京新华印刷有限公司印刷 新华书店经销

2020 年 10 月第 1 版 2020 年 10 月北京第 1 次印刷
开本：880 毫米×1230 毫米 1/32 印张：6.25
字数：113 千字

ISBN 978－7－01－021972－1 定价：35.00 元

邮购地址 100706 北京市东城区隆福寺街 99 号
人民东方图书销售中心 电话 (010)65250042 65289539